동기부여 코칭
Motivation Coaching

김동기 지음

동기부여 코칭

Motivation Coaching

한국코치협회
(KCA) 인증

ACPK
(Accredited
Coach Program
in Korea)

KAC/KPC/KSC
기초교육과정
(20시간) 인정

창의성과 다양성이 요구되는 시대. 이제 리더의 역량은 어떻게 동기를 부여하고, 코칭할 것인가에 따라 결정된다. '동기부여'가 왜 리더의 중요한 역량인지, 리더십과 코칭에 대한 배경과 이론 및 실제를 알아보자.

(주)와이즈코칭컴퍼니

CONTENTS

모듈 1. 왜 동기부여 코칭인가? - 3시간

1. 과정 소개 및 목표 그리고 자기소개 … 009
2. 우리 시대에 코칭이 필요한 이유 … 013
3. 왜 '동기부여'인가? … 016
4. 비즈니스 상황과 동기부여의 관계 … 019
5. 코칭의 이해 … 023

모듈 2. 코치의 마음가짐과 태도 - 2시간

시작하며 … 033
1. 코치에게 요구되는 윤리 의식 … 034
2. 한국코치협회의(KCA)의 윤리 규정 … 036
3. 코치에게 요구되는 마음가짐과 태도 … 043
4. 한국코치협회(KCA)의 코칭 역량 모델과 체계 … 045

모듈 3. 관계 형성 - 2시간

시작하며 … 057
1. 동기부여와 '수용'의 관계 … 058
2. 한국코치협회(KCA)의 코칭 역량 중 '관계 구축' … 062
3. 라포 형성의 중요성 … 066
4. 사람의 특성과 동기부여 요소의 다양성 … 071

모듈 4. STV-GROW 코칭 대화 모델 - 4시간

시작하며 … 077
1. STV-GROW 코칭 대화 모델의 구조 … 078

모듈 5. 코칭 대화의 기술 - 5.5시간

Part 1. 적극 경청 - 2시간
시작하며 … 089
1. 경청의 중요성과 방해 요인 … 090
2. 한국코치협회(KCA)의 코칭 역량 중 '적극 경청' … 093
3. 경청의 태도와 방법 … 098
4. 공감적 경청과 3F 모델 … 103

Part 2. 질문(의식 확장) - 2시간

시작하며 … 107

1. 질문의 목적과 효과 … 108

2. 한국코치협회(KCA)의 코칭 역량 중 '의식 확장' … 111

3. 질문의 종류와 방법 … 116

Part 3. 피드백(성장 지원) - 1.5시간

시작하며 … 125

1. 피드백의 이해와 중요성 … 126

2. 한국코치협회(KCA)의 코칭 역량 중 '성장 지원' … 129

3. 피드백의 종류 … 133

4. 효과적인 피드백 방법 … 137

5. 피드백의 사전 준비 … 140

모듈 6. 코칭 계약 및 실행 계획, 성과 평가 - 0.5시간

1. 코칭 계약과 사전 인터뷰 내용 및 방법 … 145

2. 코칭 실행 계획서와 성과 평가에 필요한 서류 … 150

모듈 7. 종합 실습 - 3시간

1. 실습의 필요성 … 155

2. 그룹 실습 및 피드백 … 157

부록

1. 코칭 기록지 … 161

2. 코칭 실습 피드백 … 162

3. 코칭 전 사전 인터뷰 … 163

4-1. 코칭 동의서 … 164

4-2. 코칭 실행 계획서 … 166

4-3. 코칭 성과 평가서 … 167

5. 코치 윤리 규정 … 168

6. KCA 코칭 역량 모델 해설집 … 173

7. KCA 인증 절차 및 방법 … 204

8. KAC 실시 심사 항목 … 210

모듈 1

왜 동기부여 코칭인가?

학습 목표

1. 과정의 전체 내용과 학습 진행 과정을 이해할 수 있다.
2. 참여자들과 신뢰 관계를 형성한다.
3. 동기부여 이론의 개념을 이해할 수 있다.
4. 비즈니스 상황과 동기부여의 관계를 설명할 수 있다.
5. 코칭을 이해하고 설명할 수 있다.

학습 내용

1. 과정 소개 및 목표 그리고 자기소개
2. 우리 시대에 코칭이 필요한 이유
3. 왜 '동기부여'인가?
4. 비즈니스 상황과 동기부여의 관계
5. 코칭의 이해

過정 소개 및 목표 그리고 자기소개

1. 과정 소개

21세기 비즈니스 상황은 '변화'라는 두 글자로 대변되는 듯하다. 현재 우리는 조직과 사회 구성원들의 생각과 마음가짐이 변하고, 기업 생태계도 급속히 변화하는 환경에 노출되어 있다. 이런 상황에서 리더의 역할은 어느 때보다 중요할 수밖에 없다. 특히 구성원들이 능동적이고 적극적이며 상호 협력하는 조직문화라면, 그 기업의 지속 가능한 성장은 충분히 가능하다고 생각된다.

코칭은 본질적으로 협력 관계, 협동, 잠재 능력에 대한 믿음을 다루게 되는데, 이런 본질이 조직문화에 스며들기 위해서는 리더의 역량 중 '동기부여 능력'이 중요하다.

기업들은 창의적이고 적극적인 인재를 선발하기 위해 끊임없이 연구하고 채용 과정을 다양화하고 있다. 중요한 지점이다. 그런데 그렇게 선발된 인재들이 자신의 잠재력을 충분히 발휘할 수 있게 만드는 힘, 그것이 리더의 동기부여 능력이다. '동기부여'는 인간이 행위를 일으키고 지속하도록 만드는 욕구, 인지, 정서가 공유되어 있는 말이기 때문이다.

본 과정은 리더로서, 코치로서 역량을 발휘할 수 있도록 코칭의 기본 과정을 담고 있고, 비즈니스 현장에서 리더에게 적합한 코칭 스킬, 즉 코칭 리더십을 활용할 수 있는 교육이며, 그 핵심을 '동기부여'에 두고 있다.

2. 과정 목표

본 과정은 다음과 같이 조직의 리더들이 '동기부여 코칭'을 체계적으로 학습하고, 체득해 비즈니스 현장에서 적극 활용할 수 있도록 하기 위해 만들어졌다.

1. 리더인 자신의 생각, 감정, 태도를 인식하고, 코칭 철학을 실천할 수 있는 코치의 마음가짐을 갖는다.
2. 개인에 따라 '동기부여' 요소가 각기 다름을 알아차린다.
3. 비즈니스 현장에서 자신과 조직 구성원에게 '동기부여 코칭'을 한다.

최고의 인재라도 아직 개발되지 않은 많은 잠재력이 있다. 그것을 알아차리고, 실행하며, 성장시켜 나가는 것이 리더의 동기부여 코칭이다. 이 과정을 통해 코치로서 잠재력과 열정으로 스스로를 변화시켜 보자. 또한 아직 개발되지 않은 조직 구성원의 잠재력을 깨워 그들이 더 성장할 수 있도록 리더의 역량도 발휘해 보자.

3. 평가 방법

과정 참가자가 과정 목표를 성취할 수 있도록 출석, 과제, 참여 등에 대해 평가한다.

평가 방법	평가 내용	평가 비율(100%)
출석	3일(20시간)	30%
과제	코칭 기록지 작성 5건 이상	10%
실기 평가	동기부여 코칭	50%
참여	질문, 의견 참여, 발표 등	10%

- 출석이 90%(18시간) 미달인 경우 추후 일정 조율 후 완료함.

4. 과정 수료 후 KAC 시험 대비

·과정 수료자와 자격 인증 코치(KAC 이상) 사이에 1 : 1 멘토 코치 배정
·수료자 워크숍(4시간 이상) : 인증 코치를 포함 3인 1조로 실전 코칭과 피드백

자기소개하기

코치로 성장할 나를 소개해 보세요. (총 30분)

[방법]

– 개인별 작성

– 작성이 끝난 후 발표

① 자신의 강점을 5개 써보세요.

_____

_____

_____

_____

_____

② 그중 2개를 지우세요.

_____

_____

③ 남은 3개로 자신을 설명하는 문장을 만들어 보세요.

예) 나는 (   )하고, (   )하며, (   ) 해서, OOO은 (   )이다.

②
우리 시대에 코칭이 필요한 이유

기술은 발전하는데 왜 생산성은 그만큼 늘지 않을까? 세계 경제학자들이 난제로 여기는 '생산성의 수수께끼(productivity puzzle)'다. 구글은 이 문제에 대한 해답을 사람 간의 관계에서 찾았다.

구글은 수년간 행복한 기업, 일하기 좋은 기업 상위권에 이름을 올렸지만 정작 직원의 생산성은 높아지지 않았다. 생산성 지표로 활용되는 직원 1인당 순익 기여도(actual net income per employee)를 살펴보면 2006년 28만 8,300달러(약 3억 6,000만 원)에서 2007년 25만 달러, 2008년에는 20만 달러로 3년 연속 하락세를 보였다. 구글은 인사 관련 데이터를 자체 분석해 생산성 문제를 풀기 시작했다.

구글에서 수만 건의 인사 빅데이터를 분석한 결과, 생산성이 좋은 상위 25%의 팀과 하위 25%의 팀을 구분 짓는 결정적 요인은 관리자의 탁월한 리더십이었다.

2009년 구글 인력분석팀(People Analytics)은 '산소 프로젝트(Oxygen Project)'를 발족해 구글 내 팀장급 이상에 관한 자료 100종류, 1만 건 이상을 수집해 분석했다. 산소 프로젝트는 '좋은 리더야말로 조직의 산소'와 같다는 뜻으로, 좋은 리더의 요건을 알아내기 위해 착수한 프로젝트였다. 꼬박 1년이 걸려 좋은 리더가 되기 위한 8가지 조건이 추려졌다. 라즐로 복(Laszlo Bock) 구글 최고인적자원책임자(CHRO)는 "조건들을 중요도에 따라 순위를 매기자 뜻밖의 결과가 나왔다"라며 "직원들은 기술적인 우수성(전문성)을 가진 리더보다 일대일 미팅을 자주 만들어 대화하고, 직원들의 삶과 경력 관리에 관심을 가져주는 리더를 선호했다"고 말했다. 좋은 리더가 되려면 업무 능력과 인간미를 균형 있게 갖춰야 한다는 것이 산소 프로젝트의 결론이었다.

[출처: Forbes Korea, 2017. 01. 23]

위와 같이 방대한 데이터 분석을 통해 얻어낸 좋은 리더에 대한 구글의 최종 결론은 무엇일까?

1. 좋은 코치이다.

2. 팀에 권한을 부여하고 마이크로 매니지먼트를 하지 않는다.

3. 성공과 복지에 대한 관심을 나타내는 포괄적인 팀 환경을 조성한다.

4. 생산적이고 결과 중심적이다.

5. 정보를 듣고 공유한다.

6. 경력 개발 지원 및 성과에 대해 논의한다.

7. 팀에 대한 명확한 비전/전략이 있다.

8. 팀에 조언을 제공하는 핵심 기술 능력이 있다.

9. 여러 팀들과 공동 작업을 한다.

10. 강력한 의사 결정자이다.

(처음에는 1~8의 원칙을 제시했으나, 3과 6은 업데이트되었고, 9와 10은 새로 추가한 것이다.)

가장 귀하고 비싸지만, 아직 개발되지 않은 자원은 바로 '사람'이라고 비즈니스 컨설턴트인 브라이언 트레이시(Brian Tracy)는 말했다. 어떤 조직, 어떤 개인이든 성장을 하려면 개개인의 역량을 최대한 발휘할 수 있어야 가능하다. 특히 21세기의 변화는 불확실하며,

하나가 아닌 여러 가지가 복합적으로 섞여 명확한 해법을 찾기가 쉽지 않다. 이러한 변수를 변동성(Volatility), 불확실성(Uncertainty), 복잡성(Complexity), 모호성(Ambiguity)의 머리글자를 따 뷰카(VUCA)라고 한다. 경영 환경이 한 치 앞을 내다보기 힘든 현 상황에서 이를 극복하는 경쟁력의 원천은 무엇보다 '사람'이다.

3

왜 '동기부여'인가?

앞서 말했듯 사람의 잠재력을 깨우고, 자발적·능동적으로 시간을 활용하며, 생산적인 에너지를 발휘하게 하는 힘이 바로 '동기부여'다. '동기부여'를 의미하는 'motivation'이란 단어는 '움직인다(to move)'는 의미를 지닌 희랍어 'movere'에서 유래했다.

'동기부여'는 인간의 행위를 일으키고 유지시키는 내부 또는 외부의 힘으로서, 욕구, 인지, 정서가 함께 공유되어 있는 말이다. 그리고 사람의 내적 적극성을 유발해 개인이나 조직의 목표 달성을 위해 행동하게 하는 과정이다. 그러나 '동기부여'가 인간의 행동을 이해함에 있어 핵심적인 개념임에도 불구하고, 눈으로 볼 수 없고, 손으로 만질 수도 없는 심리적인 과정이어서 측정이 불가능하기 때문에 한 가지로 정의하기는 쉽지 않다.

지금까지 나온 동기부여에 대한 다양한 정의를 살펴보면 다음과 같다.

·인간 행동을 통해 인간의 내적인 욕구를 충족시키는 과정.
·타인의 행동을 유발하고 방향을 제시하며, 통합을 이루게 하는 내적 요인.(Edward J. Murray)
·인간을 소망스러운 방법으로 행동하도록 유도하는 것.(Harold Koontz)
·개인의 행동을 일으키고 방향을 지어 주면서 계속 행동하게 만드는 힘.

·행동에 활기를 넣어주는 내면적 상태이며, 목표를 향해 행동하게 하는 내적인 힘.

·개인의 욕구를 만족시킨다는 조건하에서 조직의 목적을 향해 높은 수준의 노력을 경주하려는 의지.

이렇게 다양한 정의들의 핵심을 정리해 보면, '동기부여'는 어떤 사람의 행동 원인은 측정할 수 없지만, 내적인 충동에서 발생되는 행동과 관련되며, 그 행동을 유발하는 것이 무엇(what)이고, 어떻게(how) 이루어지며, 또한 그러한 행동이 왜(why) 발생하는가 하는 원인과 관련되어 있다고 할 수 있다.

[출처: 배정훈(2012),《동기부여 이론》, 형설출판사, p15-16.]

활동

'동기부여'의 어원과 정의를 바탕으로 '동기부여'에 대해 설명해 보세요.(20분)

[방법]

– 조별로 활동

·각자 질문에 대해 생각을 정리해 보세요.

_____

_____

·각자 정리된 생각을 바탕으로 조별로 토론해 보세요.

_____

_____

· 조별로 토론한 내용을 발표해 보세요.

④
비즈니스 상황과 동기부여의 관계

하버드대학의 제임스(W. James) 교수는 '동기부여'에 관한 연구에서 "동기부여 활동이 없는 조직의 구성원은 자신의 능력을 20~30%밖에 발휘하지 않고도 해고당하지 않는 반면, 동기부여 활동이 활발해 강한 동기를 부여받는 종업원들은 자기 능력의 80~90%까지도 발휘한다"고 말했다. 이 연구에 따르면, 조직 구성원 능력의 약 60% 정도는 동기부여에 의해 좌우된다고 한다.

조직에서 나타나는 개인의 성과는 사람에 따라 다르게 나타나는 경우가 많다. 이러한 결과를 두고 과거에는 개인의 성과가 주로 그 사람 본연의 업무수행 능력이나 자질에 기인하는 것으로 생각했다. 그러나 개인의 행위에 대한 최근의 많은 연구들에 의해 능력이나 자질의 차이뿐만 아니라 능력을 발휘하고자 하는 개인의 자발적인 의욕, 즉 동기부여가 성과를 결정하는 중요한 요소라는 것이 속속 밝혀졌다. 다시 말해 성과 지향이나 목표 달성 행위는 인간의 능력과 동기부여를 통한 내면의 힘이 어우러져 이루어진다는 것이 밝혀진 것이다.

동기부여는 크게 '내재적 동기부여'와 '외재적 동기부여'로 나눌 수 있다.

먼저 '내재적 동기부여'는 자기 자신을 위해 수행하는 것으로, 그 과업을 수행함으로써 얻는 즐거움이나 만족을 위한 것이다. 이는 행동 그 자체가 보상과 즐거움이 되고, 성취감을 주는 것이라고 할 수 있다(Deci & Ryan, 1985; Ryan & Deci, 2000). 즉 행위 자체에 내재

〈내재적 동기부여의 요인〉

강화 요인	억제 요인
유의미성 직면한 상황이 의미를 부여할 정도로 중요하고 도전적일 경우	**외적인 평가 및 보상** 외부의 평가로 보상이 주어지는 경우
자율성 지시나 명령이 아닌 자율적인 환경이 주어질 경우	**처벌에 대한 압박** 결과가 기대 이하일 경우 처벌이 예상되는 상황
피드백 수행하고 있는 일에 대한 결과를 지속적으로 피드백 받는 경우	**외부에서 강요된 목표** 업무 할당 등 외부에서 목표치를 부여한 경우

[출처 : Deci, E. L.(1975), Intrinsicmotivation, N.Y., Plenum Press.]

되어 있는 흥미와 즐거움, 호기심, 주변 환경에 대한 자발적 관심 등으로 어떤 일에 몰입해 특정한 행동으로 얻는 기쁨과 본질적인 만족을 의미한다(Lin, 2007).

자기결정이론(Self-Determination Theory)을 주장한 에드워드 데시와 리처드 라이언은 내재적 동기부여를 리더보다는 조직 구성원에게 영향을 미치는 요인으로 지목하고, 타인의 관점을 인정하고 선택의 기회를 제공하며 통제적 언어 대신 정보 제공적 언어를 사용하는 자율적 지지(Autonomy Support) 개념을 도입했다.

두 번째 '외재적 동기부여'는 외부적 요인에 의해 이루어진다. 외재적 동기는 외적 보상을 얻거나 처벌을 피하기 위해 활동에 참여하는 것을 말한다. 이는 내부의 즐거움보다는 외부 요인과 인센티브에 따라 좌우된다. 외재적으로 동기부여가 된 개인은 활동 자체의 내재적 만족보다는 행동의 외부 결과나 성과에 중점을 둔다.

외재적 동기의 몇 가지 주요 특징은 다음과 같다.

- **보상 및 인센티브:** 금전, 칭찬, 인정 또는 성적과 같은 외부 요인은 개인이 활동에 참여하도록 동기를 부여하는 역할
- **목표 지향적:** 외적 동기는 종종 목표를 설정하고 특정 결과 또는 보상을 달성하기 위해 노력하는 것과 관련
- **준수:** 외부의 기대나 요구 사항으로 인해 활동에 참여해야 한다는 의무감이나 압력
- **외부 검증:** 외부 동기가 부여된 개인에 대한 주요 보상은 다른 사람으로부터 받는 인정 또는 실질적인 혜택

내재적 동기와 외재적 동기는 상호 배타적이지 않으며, 이 두 가지를 조합하면 동기를 부여할 수 있다. 때로는 외재적 동기가 내재적 동기를 지원하거나 강화하는 수단으로 사용될 수 있는데, 급여, 포상, 성과급, 승진 등이 대표적이다. 그러나 이러한 외재적 보상은 내재적 동기를 감소시킬 수도 있다. 한 연구에 따르면, 내재적 동기는 보다 지속 가능한 경향이 있으며 장기적으로 더 큰 만족과 참여로 이어진다고 한다. 따라서 개개인이 흥미

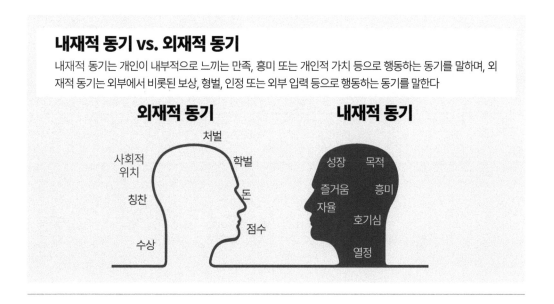

내재적 동기 vs. 외재적 동기

내재적 동기는 개인이 내부적으로 느끼는 만족, 흥미 또는 개인적 가치 등으로 행동하는 동기를 말하며, 외재적 동기는 외부에서 비롯된 보상, 형벌, 인정 또는 외부 입력 등으로 행동하는 동기를 말한다

외재적 동기

- 처벌
- 사회적 위치
- 학벌
- 칭찬
- 돈
- 점수
- 수상

내재적 동기

- 성장
- 목적
- 즐거움
- 흥미
- 자율
- 호기심
- 열정

를 갖는 일을 주고, 자율권을 부여하면서 외적인 보상을 지나치게 강조하지 않는 것이 내재적 동기를 유발하고 만족도와 창의성을 증진시킬 수 있다.

▬ 활동 ▬▬▬▬▬▬▬▬▬▬▬▬▬▬▬▬▬▬▬▬▬▬▬▬▬▬▬▬▬▬

'내재적 동기부여'와 '외재적 동기부여'에 대한 내용을 바탕으로 자신의 내면이 움직였던 상황과 이유를 설명해 보세요. (10분)

[방법]
- 2인(말하는 사람과 듣는 사람) 1조
- 한 사람씩 질문에 대답한 후 서로 느낌을 말해 보세요.
- 역할을 바꿔 실습해 보세요.

·살아오면서 의욕(동기부여)이 충만했던 시기와 그 이유는?

_____

_____

_____

·살아오면서 의욕(동기부여)이 하락했던 시기와 그 이유는?

_____

_____

_____

_____

_____

⑤ 코칭의 이해

1. 정의

코칭은 고객인 개인의 잠재 능력을 활용해, 그 자신이 능력을 최대한 발휘할 수 있도록, 가르치기보다는 스스로 깨닫고 알아차리도록 돕는 것이다. 따라서 코칭은 미래를 위해 변화하고 성장하려는 의지를 가진 사람들이 자신의 일과 삶의 목적을 달성하도록 돕는 방법이다.

'코치'의 어원은 헝가리의 도시 '콕스(Kocs)'에서 유래했다. 15세기경 '콕스'에서 네 마리의 말이 끄는 마차를 만들었는데, 이 마차를 'Kocsi'라고 불렀고, 영어로 변화되면서 'Coach'가 되었다. 지금도 영어사전을 보면 Coach는 '마차'라는 개념을 포함하고 있다. 마차가 고객이 원하는 목적지까지 이동시켜 주는 기능을 수행하듯, 코치도 고객의 목적지인 목표·달성과 자아 실현을 돕는 과정을 수행한다.

1880년대에 야구, 축구, 골프, 농구 등 다양한 스포츠 분야에 코치의 개념이 등장했다. 스포츠 선수를 지원하는 코치는 멘토와 트레이너로서 선수들의 잠재력을 깨우는 존재였다. 이후 1980년대 들어 전문적인 코치 훈련원이 설립되면서 코칭 산업은 본격적으로 발전하게 되었고, 코치가 코칭을 받는 사람들의 변화와 성장을 돕는 의미로 정의되기 시작했다.

코칭의 기초를 마련한 최대 공헌자는 재무설계사로 일하던 토마스 레너드(Thomas J. Leonard)다. 그는 자신의 고객들이 재무적인 조언뿐 아니라 그 이상의 것을 요구하고 있다는 것을 알고, 이 과정에서 그는 마치 운동선수를 돕는 코치처럼 고객의 인생 전반에 대한 지원을 시작하게 되었다. 그는 이러한 경험을 기반으로 1992년에 최초의 전문 코치 교육기관인 'Coach University'를 설립하고 '라이프 코칭'을 시작했다.

이후 1995년에 국제코치연맹(International Coach Federation)이 창설되었다. 우리나라에서는 2000년도 초에 컨설팅과 리더십 관련 기관에서 코칭이 도입되었고, LG전자에서 임원 코칭을 시작했다. 2003년에는 국제코치연맹의 한국지사가 설립되었고, 같은 해에 한국코치협회가 발족하면서 우리나라에서 본격적으로 코칭 산업이 발전하기 시작했다.

국제코치연맹(ICF)에서는 코칭을 "인생, 경력, 비즈니스와 조직에서 만족스러운 결과를 달성할 수 있도록 도와주는 지속적이며 전문적인 관계"라고 정의하고 있다.

ICF와 한국코치협회에서 코칭을 정의한 것을 정리하면 다음과 같다.

"코칭은 고객의 개인적, 전문적 가능성을 극대화시키기 위해 영감을 불어넣고 사고를 자극하는 창의적인 프로세스 안에서 고객과 파트너 관계를 맺는 것"
– 국제코치연맹(International Coach Federation) –

"개인과 조직의 잠재력을 극대화해 최상의 가치를 실현할 수 있도록 돕는 수평적 파트너십"
– 한국코치협회(Korea Coach Association) –

따라서 '코치'는 개인과 조직의 잠재 능력을 극대화해 스스로 목표를 설정하고, 그 목표를 달성하고 성장할 수 있도록 동기부여를 하는 파트너라고 할 수 있다.

2. 코칭 철학

한국코치협회는 코칭 철학에 대해 "고객 스스로를 자신의 사생활 및 직업생활에 있어 그 누구보다도 잘 알고 있는 전문가로서 존중하고, 모든 사람은 창의적이고 완전성을 추구하고자 하는 욕구가 있으며, 누구나 내면에 자신의 문제를 스스로 해결할 수 있는 자원을 가지고 있다고 믿는다"라고 정의하고 있다. 따라서 코치는 고객을 존중하고 그의 가능성을 믿고 지원하고 협력하는 관계라고 할 수 있다.

코치는 고객이 달성하고자 하는 목표를 명확히 하고, 고객 스스로 할 수 있다는 능력을 인식하도록 협력한다. 또한 고객 스스로 문제를 해결할 수 있다고 믿으며, 고객 스스로 선택한 방향과 행동에 대해 스스로 책임을 갖게 하는 것이 코치의 역할이다.

3. 코칭의 효과

현재 포춘 500대 기업 CEO 중 50% 이상이 코칭을 받고 있을 정도로 외국에서는 코칭이 활성화되어 있다. 국내에서도 대기업을 비롯해 중견 및 중소기업, 스타트업에서 각종 코칭 강의가 이미 보편화되어 있다. 최근에는 밀레니얼과 Z세대의 등장과 함께 이들의 특성을 이해하고 코칭하는 것이 더욱 중요해졌다.

코칭은 적용 범위에 따라 다양하게 나눌 수 있다. 비즈니스 코칭, 라이프 코칭, 커리어 코칭, 학습 코칭 등이 대표적이다. 이 중 코칭 본연의 의미와 가깝고, 많은 빈도를 차지하고 있는 것이 비즈니스 코칭과 라이프 코칭이다.

- **비즈니스 코칭**: 회사 운영, 리더십, 퍼포먼스 향상, 수익률 개선 등 비즈니스 이슈에 주요 초점을 맞추는 코칭
- **라이프 코칭**: 삶에서 일어나는 여러 가지 이슈들, 예를 들면 삶의 균형, 만족감 향상, 인간 관계 개선, 인생의 의미와 목적의 발견 등에 초점을 맞추는 코칭
- **커리어 코칭**: 성격, 경력, 재능, 처한 환경 등을 고려해 자신의 직업관에 맞는 진로를 설정하고, 목표를 이룰 수 있는 방법을 찾도록 돕는 코칭

[출처: 한국코치협회 홈페이지]

4. 코칭을 받는 경우

혼자서 실행하는 것보다 새로운 시각이 더해지는 것이 목표 달성에 더 도움이 된다고 생각될 때는 코치에게 코칭을 받는 것이 좋다. 그렇다면 어떤 때 코칭을 받아야 할까? 이에 대해 한국코치협회는 다음과 같이 말하고 있다.

- 단시간에 도전적인 목표 달성이 요구되는 경우
- 자신의 강점을 발견하고 발휘하는 것이 필요한 경우
- 지식과 스킬에 큰 차이가 있는 경우
- 생활을 보다 심플하게 할 필요가 있는 경우

·성과나 성적을 큰 폭으로 올릴 필요가 있는 경우

·셀프 매니지먼트가 요구되는 경우

·새롭거나 보다 무거운 책임의 직무를 맡게 된 경우

·자신의 삶을 업그레이드하려는 경우

·인생에 큰 변화가 요구되는 경우

이럴 때 코칭을 받은 고객은 다음과 같이 다양한 효과를 기대할 수 있다.

·흐릿하고 막연했던 생각이 명확해진다.

·생각이 넓어져 새로운 아이디어나 발상의 전환으로 이어진다.

·스스로 자신에 대한 이해가 점점 깊어진다.

·자신의 가능성을 깨닫고 도전하려는 동기부여가 생긴다.

·목표를 향한 행동이 지속적으로 이루어지며 가속화된다.

또한 코치도 코칭을 배우고 실천하면서 다음과 같은 다양한 변화를 기대할 수 있다.

·고객의 가치관이나 의견에 대한 차이를 받아들이고, 커뮤니케이션이 원활해진다.

·자신의 부족함보다 자신이 가진 자원에 대한 생각으로 방향이 바뀌게 된다..

·자신이 느낀 것을 솔직히 피드백할 수 있게 된다.

·자신이 가진 자원에 대한 이해가 깊어지고, 건강한 자신감이 생긴다.

코치와 고객 모두에게 변화와 성장을 기대할 수 있는 코칭은 기업의 관리자들에게 필요한 능력으로 인식되어 지금까지 대기업을 중심으로 정착되어 왔다. 그러나 코칭이 만능인 것은 아니다. 관리자 혹은 구성원에 따라 그 성과가 달라질 수 있다. 아래 표는 구성원의 능력과 업무 난이도에 따라 적용 방법이 다양해질 수 있음을 나타낸다.

	업무 난이도 높음	업무 난이도 낮음
구성원의 능력 높음	코칭 (Coaching)	완전히 맡김
구성원의 능력 낮음	티칭 (Teaching)	티칭 / 코칭

·**코칭(Coaching):** 스스로 방법을 생각하고, 행동하게 한다..

·**완전히 맡김:** 업무 난이도가 낮은데, 능력이 높기에 믿고 맡긴다.

·**티칭(Teaching):** 능력에 비해 업무 난이도가 높아 모르는 부분을 가르쳐 준다.

·**티칭/코칭:** 능력과 난이도가 모두 낮은 상태이다. 상황에 따라 코칭과 티칭을 적절히 사용한다.

---- 실습 ----

코칭의 정의와 철학 등 내용을 듣고, '코칭'하면 어떤 것들이 연상되는가? (15분)

[방법]
– 조별로 활동

·각자 질문에 대해 생각을 정리해 보세요.

_____

_____

_____

_____

·각자 정리된 생각을 조별로 토론해 보세요.

_____

_____

_____

_____

·조별로 토론한 내용을 발표해 보세요.

_____

_____

_____

_____

_____

5. 코칭과 다른 전문 영역의 차이점

비즈니스를 비롯해서 개인과 조직의 성장을 지원하는 분야는 코칭 외에도 다음과 같이 여러 가지가 있다.

분야	특징
코칭	· 고객이 원하는 목표를 발견하고, 자발적으로 행동하고 성장해 달성할 수 있도록 지원한다. · 고객이 목표와 문제점 등을 '스스로 할 수 있도록' 성장을 지원한다.
상담	· 고객의 정신과 심리적 고민 등에 대한 치료, 예방, 상담, 지원을 한다. · 현재 상태에 이르게 된 원인이나 과거에 접근한다.
컨설팅	· 조직이나 개인이 직면한 문제를 해결하거나 성과를 향상시키기 위해 컨설턴트의 조언과 지원을 받아 문제를 해결해 나간다.
교육	· 지식이나 기술을 가진 사람이 그것을 가르친다.
훈련	· 연습을 통해 능력, 기술 등을 익숙하게 만든다.

코치의 마음가짐과 태도

학습 목표

1. 코치가 갖춰야 할 윤리 의식을 설명할 수 있다.
2. 한국코치협회(KCA)의 윤리 규정을 이해할 수 있다.
3. 코치의 마음가짐과 태도를 설명할 수 있다.
4. 한국코치협회(KCA) 코칭 역량의 구체적인 내용을 이해할 수 있다.

학습 내용

1. 코치에게 요구되는 윤리 의식
2. 한국코치협회(KCA)의 윤리 규정
3. 코치에게 요구되는 마음가짐과 태도
4. 한국코치협회(KCA)의 코칭 역량

시작하며

이 장에서는 코치가 가져야 할 마음가짐과 태도를 알아보고자 한다. 특히 코치에게 요구되는 윤리 의식과 코치에게 요구되는 마음가짐/태도로 분류해 알아보려 한다.

먼저 전문 코치로서 가장 근본이 되는 윤리 의식이다. (사)한국코치협회 소속 코치는 전문 코치로서 고객이 최상의 가치를 실현하도록 돕는 역할을 한다. 따라서 자신의 분야에 대한 전문 지식을 끊임없이 탐구하고, 고객의 롤모델이 될 수 있을 만큼 모범적이고 윤리적이어야 한다. 이 장은 코치에게 요구되는 윤리 의식과 한국코치협회(KCA) 윤리 규정에 대한 내용을 담고 있다.

두 번째, 전문 코치로 활동하고 성장하기 위한 마음가짐과 태도를 알아본다. 특히 자기 인식은 코치 자신의 존재감에 관한 것이다. 코치는 자신의 말과 행동에 영향을 미치는 생각과 감정 등을 인식하고, 어떤 이유로 그런 말과 행동이 나타나는지를 알아야 한다. 코치의 자기 인식은 고객과의 관계 형성과 코칭 성과에도 많은 영향을 미친다. 또한 코치는 중립적, 긍정적, 개방적인 태도를 유지할 수 있도록 점검하고, 관리해야 한다. 코치의 말과 행동은 고객과의 신뢰 관계와도 연결되는 매우 중요한 부분이다. 이러한 마음가짐과 태도는 전문 코치로 성장하기 위해 자신의 존재 가치를 높이는 평생 학습자로서 가져야 할 자세이기도 하다.

① 코치에게 요구되는 윤리 의식

코치는 전문가로서 자신과 고객 모두를 보호하기 위해 윤리 의식을 갖고 실천하는 것이 중요하다. 윤리의 대부분은 코치의 태도와 상황, 코칭 과정 그리고 비밀 유지 등에서 나타난다. 또한 코치는 전문가로서 내적으로 윤리와 코칭 철학을 인지하고, 실천하며, 품격 있는 의식을 가져야 한다.

·코칭 전에 코칭에 대해서 명확히 설명한다.

코칭을 시작하기 전 고객과 오리엔테이션을 진행하면서 코칭이 무엇인지, 어떻게 진행되는지를 명확히 설명한다. 그리고 코칭과 컨설팅, 상담, 티칭 등의 차이에 대해서도 오해가 없도록 설명한다.

·코치는 고객의 정보에 대한 비밀 유지 의무를 지켜야 한다.

코치는 코칭 중 알게 된 고객의 개인 정보에 대한 비밀을 유지할 의무가 있다. 다만 법이 요구하는 경우에는 제외한다. 다음과 같은 말로 그에 대한 약속을 고객에게 해야 한다.

예) "고객님과 진행하는 코칭 대화는 한국코치협회 윤리 규정에 따라 비밀 및 개인 정보가 보장됩니다. 고객님의 허락 없이 대화 내용을 절대로 유출하지 않을 것입니다. 그러니 안심하고 편안하게 말씀해 주십시오."

· 코치는 고객의 코칭 대화 내용이 이해가 상충하거나 대립할 소지가 있을 경우 고객에게 숨기지 말고 분명히 밝히고, 상호 더 나은 방법을 찾기를 검토한다.

언제나 고객과 의견이 같거나 잘 맞아떨어지는 것은 아니다. 고객과 의견이 다르거나 대립할 때도 있기 마련이다. 그럴 때는 그 문제를 수면 위로 드러내고 직면할 필요가 있다. 코칭은 궁극적으로 고객의 성장과 발전을 위한 것이다. 이를 감안하여 고객과 상호 협의하여 더 좋은 결과를 만들어낼 수 있도록 해야 한다.

② 한국코치협회(KCA)의 윤리 규정

한국코치협회는 코치가 지켜야 할 윤리를 다음 4가지로 규정하고 있다.

첫째, 기본 윤리
둘째, 코칭에 대한 윤리
셋째, 직무에 대한 윤리
넷째, 고객에 대한 윤리

이 외에도 부칙과 함께 윤리 규정에 대한 맹세를 담고 있다.

코치 윤리 규정

제정 2003.06.01
개정 2011.12.23
개정 2023.06.14
개정 2024.09.13
개정 2024.09.19.

윤리 강령

1. 코치는 개인적인 차원뿐 아니라 공공과 사회의 이익도 고려해야 합니다.

2. 코치는 승승의 원칙에 의거해 개인, 조직, 기관, 단체와 협력합니다.

3. 코치는 지속적인 성장을 위해 학습합니다.

4. 코치는 신의 성실성의 원칙에 의거해 행동합니다.

윤리 규칙

제1장 기본 윤리

제1조(사명)

1. 코치는 한국코치협회의 윤리 규정에 준거해 행동합니다.

2. 코치는 코칭이 고객의 존재, 삶, 성공, 그리고 행복과 연결되어 있음을 인지합니다.

3. 코치는 고객의 잠재력을 극대화하고 최상의 가치를 실현하도록 돕기 위해 부단한 자기성찰과 끊임없이 공부하는 평생 학습자(lifelong learner)가 되어야 합니다.

4. 코치는 자신의 전문 분야와 삶에 있어서 고객의 롤모델이 되어야 합니다.

제2조(외국 윤리의 준수)

코치는 국제적인 활동을 함에 있어 외국의 코치 윤리 규정도 존중해야 합니다.

제2장 코칭에 관한 윤리

제3조(코칭 안내 및 홍보)

1. 코치는 코칭에 대한 전반적인 이해나 지지를 해치는 행위는 일절 하지 않습니다.

2. 코치는 코치와 코치 단체의 명예와 신용을 해치는 행위를 하지 않습니다.

3. 코치는 고객에게 코칭을 통해 얻을 수 있는 성과에 대해서 의도적으로 과장하거나 축소하는 등의 부당한 주장을 하지 않습니다.

4. 코치는 자신의 경력, 실적, 역량, 개발 프로그램 등에 관해 과대하게 홍보하거나 광고하지 않습니다.

제 4조(접근법)

1. 코치는 다양한 코칭 접근법(approach)을 존중합니다. 코치는 다른 사람들의 노력이나 공헌을 존중합니다.

2. 코치는 고객이 자신 이외의 코치 또는 다른 접근 방법(심리 치료, 컨설팅 등)이 더 유효하다고 판단되어질 때 고객과 상의하고 변경을 실시하도록 촉구합니다.

제 5조(코칭 연구)

1. 코치는 전문적 능력에 근거하며 과학적 기준의 범위 내에서 연구를 실시하고 보고합니다.

2. 코치는 연구를 실시할 때 관계자로부터 허가 또는 동의를 얻은 후 모든 불이익으로부터 참가자가 보호되는 형태로 연구를 실시합니다.

3. 코치는 우리나라의 법률에 준거해 연구합니다.

제 3장 직무에 대한 윤리

제 6조(성실 의무)

1. 코치는 고객에게 항상 친절하고 최선을 다하며 성실해야 합니다.

2. 코치는 자신의 능력, 기술, 경험을 정확하게 인식합니다.

3. 코치는 업무에 지장을 주는 개인적인 문제를 인식하도록 노력합니다. 필요할 경우 코칭의 일시 중단 또는 종료가 적절할지 등을 결정하고 고객과 협의합니다.

4. 코치는 고객의 모든 결정을 존중합니다.

제7조(시작 전 확인)

1. 코치는 최초의 세션 이전에 코칭의 본질, 비밀을 지킬 의무의 범위, 지불 조건 및 그 외의 코칭 계약 조건을 이해하도록 설명합니다.
2. 코치는 고객이 어느 시점에서도 코칭을 종료할 수 있는 권리가 있음을 알립니다.

제8조(직무)

1. 코치는 고객, 혹은 고객 후보자에게 오해를 부를 우려가 있는 정보 전달이나 충고를 하지 않습니다.
2. 코치는 고객과 부적절한 거래 관계를 가지지 않으며 개인적, 직업적, 금전적인 이익을 위해 의도적으로 이용하지 않습니다.

제4장 고객에 대한 윤리

제9조(비밀의 의무)

1. 코치는 법이 요구하는 경우를 제외하고 고객의 정보에 대한 비밀을 지킵니다.
2. 코치는 고객의 이름이나 그 외의 고객 특정 정보를 공개 또는 발표하기 전에 고객의 동의를 얻습니다.
3. 코치는 보수를 지불하는 사람에게 고객 정보를 전하기 전에 고객의 동의를 얻습니다.
4. 코치는 코칭의 실시에 관한 모든 작업 기록을 정확하게 작성, 보존, 보관합니다. 다만, 고객의 파기 요청이 있을 경우 즉시 파기하고 이를 고객에게 알려야 합니다.
5. 고객의 생명이나 사회의 안전을 심각하게 위협하는 경우가 발생할 우려가 있거나 발생한 경우에 한해 고객의 동의 없이도 고객에 대한 정보를 관련 전문인이나 기관에 알릴 수 있습니다. 이런 경우 코칭 시작 전에 이러한 비밀 보호의 한계를 알려줍니다.

제 10조(이해의 대립)

1. 코치는 자신과 고객의 이해가 대립되지 않게 노력합니다. 만일 이해의 대립이 생기거나 그 우려가 생겼을 경우, 코치는 그것을 고객에게 숨기지 않고 분명히 하며, 고객과 함께 좋은 대처 방법을 찾기 위해 검토합니다.

2. 코치는 코칭 관계를 해치지 않는 범위 내에서 코칭 비용을 서비스, 물품 또는 다른 비금전적인 것으로 상호 교환(barter)할 수 있습니다.

제 11 조(성차별 및 성적 관계)

1. 코치는 고객과의 관계에 있어서 성차별적 표현이나 행동을 해서는 안됩니다.

2. 코치는 코칭을 목적으로 성립된 고객과 코칭이 진행되는 동안 사회적 통념의 윤리와 도덕 및 법률에 저촉되는 성적 관계를 가져서는 안됩니다.

부   칙

제 1조 (시행일)

이 규정은 협회 이사회의 의결을 거친 날부터 시행한다.

제 2조

이 윤리 규정에 언급되지 않은 사항은 한국코치협회 윤리위원회의 내규에 준한다.

윤리 규정에 대한 맹세

나는 전문 코치로서 (사)한국코치협회 윤리 규정을 이해하고 다음의 내용을 준수합니다.

1. 코치는 개인적인 차원뿐 아니라 공공과 사회의 이익을 우선으로 합니다.

2. 코치는 승승의 원칙에 의거해 개인, 조직, 기관, 단체와 협력합니다.

3. 코치는 지속적인 성장을 위헤 학습합니다.

4. 코치는 신의 성실성의 원칙에 의거해 행동합니다.

만일 내가(사)한국코치협회의 윤리 규정을 위반했을 경우,(사)한국코치협회가 나에게 그 행동에 대한 책임을 물을 수 있다는 것에 동의하며,(사)한국코치협회 윤리위원회의 심의를 통해 법적인 조치 또는(사)한국코치협회의 회원 자격, 인증 코치 자격이 취소될 수 있음을 분명히 인지하고 있습니다.

[출처 : 한국코치협회 홈페이지]

실습

코치 윤리에 대한 생각을 말해 보세요. (10분)

[방법]

– 2인(말하는 사람과 듣는 사람) 1조

– 한 사람씩 질문에 대답한 후 서로 느낌을 말해 보세요.

– 역할을 바꿔서 실습해 보세요.

·한국코치협회 코치 윤리 규정에서 가장 인상 깊은 것은?

_____

_____

_____

_____

· 코치 윤리 규정을 한 문장으로 정리한다면? 그 이유는?

_____

_____

_____

_____

· 코치 윤리 규정을 바탕으로 코치는 어떤 마음가짐으로 고객과 마주해야 하는가?

_____

_____

_____

_____

③
코치에게 요구되는 마음가짐과 태도

코치는 고객과 대등한 파트너 관계이며, 고객의 성장을 지원하는 전문인이다. 따라서 전문 코치로서 고객과의 신뢰 관계가 전제되어야 코칭이 원활히 진행될 수 있다. 그러기 위해서는 고객의 다양한 의견과 가치관, 신념 등을 있는 그대로 받아들여야 한다. 또한 스스로 더 성장을 위해 자기관리에도 최선의 노력을 기울여야 한다. 그래야 고객에게 더 나은 코칭으로 그의 성장을 지원할 수 있다.

·코치는 고객의 성장 가능성을 믿고 존중해야 한다.
코치는 고객이 스스로 성장할 수 있고, 문제를 해결할 충분한 가능성을 갖추고 있음을 믿어야 한다. 이것은 코치 본연의 자세이기도 하다.

·코치는 자신과 고객에게 정직해야 한다.
코치는 코칭 효과에 대해 과장하거나 축소하는 등 근거없는 주장을 하지 않아야 한다. 또한 자신의 경력과 실적, 역량 등에 대해서도 과대 포장하지 않아야 하며, 자신의 부족한 경험도 고객에게 솔직히 말해야 신뢰 관계를 높일 수 있다.

·코치는 자신을 이해하고 인정해야 한다.
인간의 성장과 관리는 자신을 이해하고 인정하는 데서 출발한다. 코치도 인간이고, 완벽한 사람은 없기에 자신의 강점, 약점 등 자신의 특성과 마음가짐을 이해하고 인정해야 한다. 자신의 본래 모습을 온전히 이해하고 인정할 때 타인에 대한 이해와 인정도 온전히 생길 수 있다. 그리고 이것은 자신의 성장을 위해서도 꼭 필요한 마음가짐이다.

·코치는 자신의 가치관과 의견을 고객에게 강요하지 않는다.

먼저 고객의 가치관과 생각, 의견을 존중하고 인정해 주어야 한다. 코치 자신의 경험으로 터득한 지식이나 신념을 고객에게 주입하거나 강요한다면 코칭이 원활히 진행될 수 없다.

·코치는 긍정적인 태도와 중립적인 태도를 취해야 한다.

코치는 희망적인 미래에 집중하고, 부정적인 생각 속에서도 긍정적인 부분을 찾아야 한다. 또한 코치도 사람이기에 편향적인 생각을 가질 수 있으므로 셀프 대화를 통해 중립적인 자세를 취할 수 있도록 해야 한다.

·코치는 고객과 함께 항상 배우는 자세를 잊지 말아야 한다.

고객의 성장을 지원하는 코치는 코칭에 필요한 지식, 기술, 태도 등을 항상 배우고, 성장하려는 자세를 가져야 한다.

[출처: TCA Triple A Essential Course의 수정 및 추가]

— **실습** —

코치의 마음가짐과 태도에서 가장 인상 깊은 것은? 그 이유는?(5분)

[방법]

– 2인 1조

– 한 사람씩 의견을 말한다.

한국코치협회(KCA)의 코칭 역량 모델과 체계

한국코치협회는 코칭 문화 확산을 위해 코칭을 하는 데 꼭 필요한 역량을 8가지로 제시했다. 따라서 코치로서 전문성과 역량을 갖추기 위해서는 8가지 역량을 이해하고, 코칭에 활용할 수 있어야 한다.

〈KCA 코칭 역량 모델〉

·**형상:** 마차(Coach)의 수레바퀴(Wheel) 상징

·**색상:** 코치다움은 나무의 뿌리 상징, 코칭다움은 나무의 잎 상징

위 그림을 보고 한국코치협회(KCA) 코칭 역량 모델의 구조를 코치다움과 코칭다움으로 구분해서 설명해 보세요.(5분)

[방법]

– 2인(말하는 사람과 듣는 사람) 1조

– 한 사람씩 질문에 답한 후 서로 느낌을 말해 보세요.

– 역할을 바꿔서 실습해 보세요.

1. KCA 코칭 역량 체계

1) KCA 코칭 역량군

·**코치다움:** 코치로서 개인의 삶과 코칭 현장에서 코칭 윤리를 실천하며, 자기 인식과 자기 관리를 바탕으로 전문적인 능력을 계발해 나가는 것

·**코칭다움:** 코칭 현장에서 고객과 신뢰 관계를 구축하고, 적극 경청과 의식 확장을 통해 고객의 성장을 지원하는 것

2) KCA 코칭 역량

(1) 윤리 실천

① 정의: (사)한국코치협회에서 규정한 기본 윤리, 코칭에 대한 윤리, 직무에 대한 윤리, 고객에 대한 윤리를 준수하고 실천한다.

② 핵심 요소

  – 기본 윤리

  – 코칭에 대한 윤리

- 직무에 대한 윤리

- 고객에 대한 윤리

③ 행동 지표

- 코치는 기본 윤리를 준수하고 실천한다.

- 코치는 코칭에 대한 윤리를 준수하고 실천한다.

- 코치는 직무에 대한 윤리를 준수하고 실천한다.

- 코치는 고객에 대한 윤리를 준수하고 실천한다.

(2) 자기 인식

① 정의: 현재 상황에 대한 민감성을 유지하고, 직관 및 성찰과 자기 평가를 통해 코치 자신의 존재감을 인식한다.

② 핵심 요소

- 상황 민감성 유지

- 직관과 성찰

- 자기 평가

- 존재감 인식

③ 행동 지표

- 지금 여기의 생각, 감정, 욕구에 집중한다.

- 생각, 감정, 욕구가 발생하는 배경과 이유를 감각적으로 알아차린다.

- 직관과 성찰을 통해 자신의 생각, 감정, 욕구가 미치는 영향을 인식한다.

- 자신의 특성, 강약점, 가정과 전제, 관점을 평가하고 수용한다.

- 자신의 존재를 인식하고 신뢰한다.

(3) 자기 관리

① 정의: 신체적, 정신적, 정서적 안정 및 개방적, 긍정적, 중립적 태도를 유지하며, 언

행을 일치시킨다.

② 핵심 요소

  - 신체적, 정신적, 정서적 안정

  - 개방적, 긍정적, 중립적 태도

  - 언행 일치

③ 행동 지표

  - 코치는 코칭을 시작하기 전에 신체적, 정신적, 정서적 안정을 유지한다.

  - 코치는 다양한 코칭 상황에서 침착하게 대처한다.

  - 코치는 솔직하고 개방적인 태도를 유지한다.

  - 코치는 긍정적인 태도를 유지한다.

  - 코치는 고객의 기준과 패턴에 관한 판단을 유보하고 중립적인 태도를 유지한다.

  - 코치는 말과 행동을 일치시킨다.

(4) 전문 계발

① 정의: 코칭 합의와 과정 관리 및 성과 관리를 하고, 코칭에 필요한 관련 지식, 기술, 태도 등의 전문 역량을 계발한다.

② 핵심 요소

  - 코칭 합의

  - 과정 관리

  - 성과 관리

  - 전문 역량 계발

③ 행동 지표

  - 고객에게 코칭을 제안하고, 협의한다.

  - 고객과 코칭 계약을 하고, 코칭 동의와 코칭 목표를 합의한다.

  - 코칭 과정 전체를 관리하고, 이해관계자를 포함한 고객과 소통한다.

- 고객과 합의한 코칭 주제와 목표에 대한 성과를 관리한다.
- 코칭에 필요한 관련 지식, 기술, 태도 등의 전문 역량을 계발한다.

(5) 관계 구축

① 정의: 고객과의 수평적 파트너십을 기반으로 신뢰감과 안전감을 형성하며, 고객의 존재를 인정하고 진솔함과 호기심을 유지한다.

② 핵심 요소
- 수평적 파트너십
- 신뢰감과 안전감
- 존재 인정
- 진솔함
- 호기심

③ 행동 지표
- 코치는 고객을 수평적인 관계로 인정하며 대한다.
- 고객과 라포를 형성해 안전한 코칭 환경을 유지한다.
- 고객에게 긍정 반응, 인정, 칭찬, 지지, 격려 등의 언어를 사용한다.
- 고객의 특성, 정체성, 스타일, 언어와 행동 패턴을 알고, 코칭에 적용한다.
- 코치는 고객에게 자신의 생각, 느낌, 감정, 알지 못함, 취약성 등을 솔직하게 드러낸다.
- 코치는 고객의 주제와 존재에 대해서 관심과 호기심을 유지한다.

(6) 적극 경청

① 정의: 고객이 말한 것과 말하지 않은 것을 맥락적으로 이해하고, 반영 및 공감하며, 고객 스스로 자신의 생각, 감정, 욕구, 의도를 표현하도록 돕는다.

② 핵심 요소

- 맥락적 이해

- 반영

- 공감

- 고객의 표현 지원

③ 행동 지표

- 고객이 말한 것과 말하지 않은 것을 맥락적으로 헤아려 듣고, 표현한다.

- 눈 맞추기, 고개 끄덕이기, 동작 따라하기, 어조 높낮이와 속도 맞추기, 추임새 등을
  하면서 경청한다.

- 고객의 말을 재진술, 요약하거나 직면하도록 돕는다.

- 고객의 생각이나 감정을 이해하며, 이해한 것을 고객에게 표현한다.

- 고객의 의도나 욕구를 이해하며, 이해한 것을 고객에게 표현한다.

- 고객이 자신의 생각, 감정, 의도, 욕구를 표현하도록 돕는다.

(7) 의식 확장

① 정의: 질문, 기법 및 도구를 활용해 고객의 의미 확장과 구체화, 통찰, 관점 전환과
  재구성, 가능성 확대를 돕는다.

② 핵심 요소

- 질문

- 기법과 도구 활용

- 의미 확장과 구체화

- 통찰

- 관점 전환과 재구성

- 가능성 확대

③ 행동 지표

- 긍정적, 중립적 언어로 개방적 질문을 한다.

- 고객의 상황과 특성에 따라 침묵, 은유, 비유 등 다양한 기법과 도구를 활용한다.

- 고객의 말에서 의미를 확장하도록 돕는다.

- 고객의 말을 구체화하거나 명료화하도록 돕는다.

- 고객이 알아차림이나 통찰을 하도록 돕는다.

- 고객이 관점을 전환하거나 재구성하도록 돕는다.

- 고객의 상황, 경험, 사고, 가치, 욕구, 신념, 정체성 등의 탐색을 통해 가능성 확대를 돕는다.

(8) 성장 지원

① 정의: 고객의 학습과 통찰을 정체성과 통합하고, 자율성과 책임을 고취한다. 고객의 행동 전환을 지원하고, 실행 결과를 피드백하며, 변화와 성장을 축하한다.

② 핵심 요소

- 정체성과의 통합 지원

- 자율성과 책임 고취

- 행동 전환 지원

- 피드백

- 변화와 성장 축하

③ 행동 지표

- 고객의 학습과 통찰을 자신의 가치관 및 정체성과 통합하도록 지원한다.

- 고객이 행동 설계 및 실행을 자율적이고 주도적으로 하도록 고취한다.

- 고객이 실행 계획을 실천할 수 있는 후원 환경을 만들도록 지원한다.

- 고객이 행동 전환을 지속하도록 지지하고 격려한다.

- 고객이 실행한 결과를 성찰하도록 돕고, 차기 실행에 반영하도록 지원한다.

- 고객의 변화와 성장을 축하한다.

[출처 : 한국코치협회 홈페이지]

한국코치협회의 코칭 역량 체계를 코치다움과 코칭다움으로 구분해서 상대방에게 설명해 보세요.(10분)

[방법]

– 2인(말하는 사람과 듣는 사람) 1조

– 한 사람씩 질문에 대답한 후 서로 느낌을 말해 보세요.

– 역할을 바꿔서 실습해 보세요.

━━ **실습** ━━━━━━━━━━━━━━━━━━━━━━━━━━━━━━━━━━

미래의 나의 모습을 만들어 봅시다.(20분)

[방법]

– 2인(질문하는 사람과 말하는 사람) 1조

– 아래 순서대로 질문하고 대답해 보세요.

– 역할을 바꿔서 실습해 보세요.

본 과정이 끝나는(   )월 (   )일에 어떤 모습이길 기대하는가?

  ① 지금 생각하고 있는 것 중 자신의 이루고 싶은 목표를 하나 말해 보세요.

_____

_____

_____

_____

② 그 목표를 정한 이유를 3가지 이상 말해 보세요.

③ 그 목표가 자신에게 어떤 의미가 있나요?

④ 어떤 것들을 실천하면 그 목표를 이룰 수 있습니까?

⑤ 실천 항목들의 현재 수준을 객관적으로 말해 보세요.

⑥ 어떤 것부터 실천할 수 있습니까?

⑦ 누구(전문가, 멘토, 코치 등)의 도움을 받을 수 있고, 누구와 함께할 수 있습니까?

⑧ 성실히 실천하고 점검해서 그 날짜에 목표가 달성됐다면, 당신은 어떤 기분일까요?

⑨ 목표를 달성한 미래의 내가, 목표를 계획하고 있는 현재의 나에게 어떤 말을 하고 싶은 가요?

모듈 3

관계 형성

학습 목표

1. 동기부여와 수용의 관계를 설명할 수 있다.
2. 한국코치협회(KCA)의 관계 구축을 이해할 수 있다.
3. 라포 형성의 중요성과 라포 형성 과정을 설명할 수 있다.
4. 사람마다 특성과 동기부여 요소가 차이가 있음을 이해할 수 있다.

학습 내용

1. 동기부여와 '수용'의 관계
2. 한국코치협회(KCA)의 관계 구축
3. 라포 형성의 중요성
4. 사람의 특성과 동기부여 요소의 다양성

시작하며

사람에 대해 절대적인 가치와 잠재성을 존중하기 위해서는 관계 형성이 무엇보다 중요함을 인식해야 한다. 또한 상대에 따라 어떻게 해야 하는지, 어떤 마음가짐이 필요한지 그리고 사람마다 다양한 동기부여 요소를 갖고 있음을 알아야 한다.

서로의 존재를 인정하고 진솔하게 대화할 수 있는 관계, 상대가 어떤 생각과 무엇에 관심이 있는지 호기심을 가지고 대화할 수 있는 관계. 이런 관계라야 자율성이 확보되고, 수평적 관계 속에서 편안하게 대화할 수 있다. 이런 신뢰와 안전감이 구축된 조직의 대표적인 특징이 바로 자신의 의견을 자유롭게 말하는 것(Speak up)이다. 자유롭게 말할 수 있는 조직은 서로의 자율성을 존중하고 인정한다.

스탠포드대학교의 심리학과 교수인 캐럴 드웩(Carol S. Dweck)의 능력성장신념이론(Growth Mindset Theory)에 따르면, 인간은 자신의 노력을 통해 스스로 유능성을 향상시킬 수 있다고 믿으면 내재 동기 수준이 높아진다고 한다. 결국 동기부여를 위해서는 스스로 할 수 있도록 리더가 환경을 만들어 줄 필요가 있는데, 그 시작이 바로 관계 구축이다. 어떤 관계를 맺느냐에 따라 같은 상황일지라도 다르게 행동할 수 있기 때문이다.

이 장에서는 수용의 자세와 관계 구축을 위해 어떻게 라포를 형성할 수 있는지 알아볼 것이다.

① 동기부여와 '수용'의 관계

수용은 고객이 지닌 절대적인 가치와 잠재성을 존중하고, 고객이 스스로 선택할 수 있는 자율성을 인정하고 지지함을 뜻한다. 그리고 수용은 고객의 세계관을 이해하고 공감하기 위해 노력하며, 고객의 강점과 노력들을 인정하는 것 등을 포함한다.

코치와 고객의 일상적인 대화에서도 인간관계적인 맥락은 중요하다. 심리적으로 불편한 상황에서는 솔직해지는 것이 어렵기 때문이다.

〈수용의 네 가지 측면〉

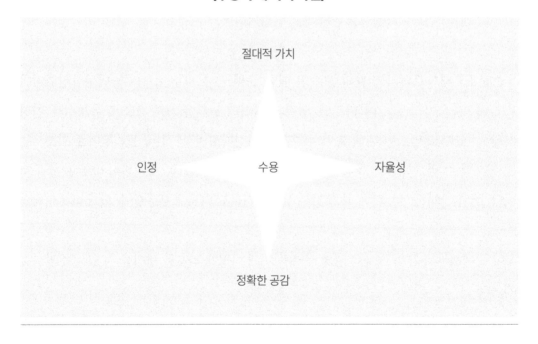

이와 같은 수용은 '절대적 가치', '정확한 공감', '자율성', '인정'이라는 4가지 핵심 요소로 구성되어 있다.

1. 절대적 가치

첫째, 수용은 모든 인간에게 내재된 가치와 잠재력을 귀하게 여기는 것을 말한다. 미국의 심리학자 칼 로저스(Carl Rogers)는 "수용은 다른 개인들을 개별적이고 분리된 인간으로 보는 것이며, 타인을 그 사람 자체로서 가치가 있다고 보는 것을 뜻한다. 어쨌거나, 타인을 기본적으로 믿을 수 있는 대상으로서 존재한다고 보는 신념이다"라고 말했다. 즉 '타인을 있는 그대로 바라봐 줄 수 있는 능력, 그 사람이 가지는 고유한 개별성에 대해 지각할 수 있는 능력'이라고 했다.

존중은 본래의 모습을 펼치고, 자라날 수 있도록 도우려는 관심을 뜻한다. 따라서 존중은 착취가 없는 상태를 의미한다. 이러한 태도에 반대되는 것이 판단하는 것, 가치에 조건을 붙이는 것이다. 사람은 수용받을 수 없다고 느낄 때 꼼짝할 수 없게 된다. 반대로 있는 그대로 수용받을 수 있다고 느낄 때 자유롭게 행동하게 된다.

2. 정확한 공감

선배나 동료 중 경험이 많은 사람들이 간혹 "내가 겪어 봐서 아는데", "네가 겪는 것이 어떤 것인지 알아", "내가 얘기해 줄게"와 같은 말을 한다. 이런 말들은 공감이 아니다. 공감은 다른 사람의 성격이나 특성을 이해하고, 그 사람의 존재와 행동에 대해 그렇게 할 만한 가치가 있다고 믿어주는 것이다.

3. 자율성

수용은 저마다의 자율성과 권리, 자기 결정권을 존중하고 명예롭게 해주는 것을 포함한다. 코치는 고객이 자신의 존재와 선택에 대해 완전한 자유가 있음을 깨닫게 해주어야 한다. 자율성의 반대 개념은 강요하고, 통제하는 것이다. 자율성이 보장되고 선택에 대한 판단이 인정될 때, 고객은 새로운 도전을 하고 생각을 확산하게 된다.

4. 인정

수용은 고객의 강점과 노력들을 알아주는 인정을 포함한다. 실패를 했어도 노력을 인정하고 응원하면 다시 도전할 수 있는 에너지를 얻는다. 그리고 결실을 봤다면 더 높은 목표를 향해 도전할 수 있는 자발적 동기가 생겨난다. 인정의 반대되는 개념은 고객의 문제를 찾아 평가하고 확인하며, 이 문제를 어떻게 고칠 것인지에 대해 말해 주는 것이다.

[출처: William R. Miller, Stephen Rollnick(2015), 《동기강화상담》, 시그마프레스, p.18-21.]

실습

동기부여와 수용의 관계에 대한 내용을 바탕으로 아래의 질문에 말해 보세요. (10분)

[방법]
- 2인 (질문하는 사람과 말하는 사람) 1조
- 한 사람씩 질문에 대답한 후 서로 느낌을 말해 보세요.
- 역할을 바꿔서 실습해 보세요.

·내가 가장 편안함을 느꼈을 때, 상대방의 행동은?

_____

_____

_____

_____

_____

·내가 가장 불안함을 느꼈을 때, 상대방의 행동은?

_____

_____

_____

_____

_____

②

한국코치협회(KCA)의 코칭 역량 중 '관계 구축'

1. 관계 구축

1) 정의

고객과의 수평적 파트너십을 기반으로 신뢰감과 안전감을 형성하며, 고객의 존재를 인정하고, 진솔함과 호기심을 유지한다.

2) 핵심 요소 및 행동 지표 설명

(1) 수평적 파트너십

·코치는 고객을 수평적 관계로 인정하고 대한다.

코치는 고객을 상하관계가 아닌 수평적 존재로 인정하며 대해야 한다. 이는 곧 상호 이익 증대를 목적으로 동반자적인 계약 관계를 형성해야 한다는 것을 말한다. 코치는 고객을 일방적이고 지시적인 태도가 아닌 수평적인 관계로 인정하고, 중요한 결정 시 고객이 선택하고 결정하도록 해야 한다. 따라서 지시나 명령, 단정적인 언어, 컨설팅이나 가르치려는 태도, 충고나 훈계하는 언어는 사용을 지양해야 한다.

(2) 신뢰감과 안전감

·고객과 라포를 형성해 안전한 코칭 환경을 유지한다.

코치가 고객 중심의 코칭 관계를 만들어 가기 위해서는 신뢰감과 안전감이 바탕을 이루어야 한다. 라포 형성은 코칭 관계의 핵심이며, 코칭의 모든 단계에서 활용되는 것으로, 고객과 관계를 맺고 유지하는 데 기초가 되는 중요한 코칭 기술이다. 코치는 라포를 형성해 고객에게 신뢰감과 안전감을 주어 최적의 코칭 환경을 조성해야 한다. 라포 형성에는 공감, 반영, 인정, 칭찬 등의 기법을 사용한다.

·고객에게 긍정, 인정, 칭찬, 지지, 격려 등의 언어를 사용한다.
코치는 고객에게 믿음, 편안함, 안전함 등을 제공해야 한다. 이를 위해서는 고객에게 긍정 반응, 인정, 칭찬, 지지, 격려, 신뢰 등의 언어를 상황에 맞게 사용해야 한다. 또한 고객에게 지지와 공감, 관심을 보여주고, 코칭 세션 중에는 고객에게 집중하고 고객을 관찰하며 적절한 반응을 유지해야 한다. 반면에 비교하는 언어, 판단, 비평, 강요, 당연시하는 언어 사용은 지양해야 한다.

(3) 존재 인정
·고객의 특성, 정체성, 스타일, 언어와 행동 패턴을 알고, 코칭에 적용한다.
코치는 고객을 있는 그대로 존중하고 진정성 있게 대해야 한다. 그리고 코칭 과정에서도 고객의 고유한 재능, 통찰, 노력을 인정하고 존중해야 한다. 또한 코칭 대화 중 고객의 특성, 정체성, 스타일, 언어 패턴을 알아채고, 이를 코칭에 적용해야 한다. 코칭 시에는 매순간 물 흐르듯 자연스럽게 대화를 해야 한다. 반면에 코치의 주관적인 판단, 평가, 해석은 지양해야 한다.

(4) 진솔함
·고객에게 자신의 생각, 느낌, 감정, 알지 못함, 취약성 등을 솔직하게 드러낸다.
고객과의 관계에서 코치 자신이 경험하고 느낀 바를 있는 그대로 내보이는 것을 말한다. 코치는 고객과 신뢰를 구축하기 위해 자신의 생각, 느낌, 감정, 알지 못함을 솔직하게 표현해야 한다. 진솔함은 어떠한 비평과 해석을 하지 않는 것으로, 코치 자신이 보는 그대로 말하는 것을 뜻한다. 진정한 코칭 관계는 기분을 맞춰주는 것이 아니라 진솔한 태도를 바탕으로 이루어진다. 코치가 진실을 말할 용기를 가질 때 고객도 올바르게 대처하는 기술을 익힐 수 있다. 또한 코치는 고객이 이해할 수 있는 언어와 적절한 은유를 사용해 설명해야 한다. 전문적인 용어 사용을 최소화하고 실제적이며 고객에게 맞는 언어를 사용할 때, 고객은 코칭 대화 내용을 잘 이해할 수 있다.

(5) 호기심

·고객의 주제와 고객이라는 존재에 대해 관심과 호기심을 유지한다.

호기심은 코치와 고객이 서로 협력해 꾸밈없이 살펴보고 무엇을 발견할지 관심을 갖고 탐구함으로써 고객의 삶 속 깊은 영역으로 들어가게 한다. 코치는 심문하는 사람이 아니므로 탐구하는 과정은 고객 입장에서 이루어져야 한다. 코치는 코칭 세션 중 고객의 주제와 고객이라는 존재에 대해 항상 관심과 호기심을 보여야 한다.

▬ 실습 ▬

코칭 핵심 역량 중 '관계 구축'에 대한 내용을 바탕으로 아래 질문에 말해 보세요. (10분)

[방법]
- 2인 (말하는 사람과 듣는 사람) 1조
- 한 사람씩 질문에 대답한 후 서로 느낌을 말해 보세요.
- 역할을 바꿔서 실습해 보세요.

·'관계 구축'에서 가장 인상 깊은 것은?

_____

_____

_____

_____

·'관계 구축'을 한 문장으로 정리한다면? 그 이유는?

_____

_____

_____

_____

·'관계 구축'을 위해 코치는 어떤 마음가짐으로 고객과 마주해야 하는가?

_____

_____

_____

_____

③

라포 형성의 중요성

라포(Rapport)는 '다리를 놓다'라는 프랑스어 'rapporter'에서 온 말이다. '가지고 오다'라는 뜻을 지닌 라틴어 'portare'에 어원을 두고 있으며, 영어의 'report'와 같이 '보고하다'라는 의미도 포함하고 있다. 그러던 것이 17세기 후반 이후에 '사람 간의 상호 이해와 공감을 통해 형성하는 심리적 신뢰 관계'를 의미하는 심리학 용어로 자리를 잡게 되었다.

1. 라포를 형성하는 목적

라포가 잘 형성되면, 상대의 말에 관심을 가지게 되고, 처음 만나는 사람들과도 비교적 빠르게 친밀해지며, 공감대가 만들어져 장기적인 신뢰 관계를 맺게 된다. 또한 상대방의 행위를 긍정적으로 이해하고, 공통된 이해관계 속에서 서로가 조화를 이루고 있다고 생각하게 된다.

이와 같이 라포가 형성된 코치와 고객의 신뢰 관계는 코칭 성과에도 영향을 미친다. 또한 신뢰와 공감은 고객의 심리적 안정으로 이어져 동기부여에도 큰 영향을 미친다.

2. 라포의 유형

라포는 대개 상대방과의 공통적인 관심사나 조화를 이룬 대화를 기반으로 형성된다.

라포는 서로의 상황과 조건에 따라 단순한 라포, 즉흥적 라포, 맞춤형 라포라는 3가지 유형으로 나눌 수 있다.

· 단순한 라포는 공통된 경험이나 기억이 많을 때 일어나는 간단한 교감이다. 학교 동문이거나 고향이 같을 때와 같이 환경이나 기억, 경험을 공유하는 사람들 사이에 일어나는 친밀감이다.
· 즉흥적 라포는 단순한 라포와 달리 공통된 관심사가 없을 때 공통점을 발견해 즉흥적으로 형성되는 라포를 말한다. 최근의 방문지, 취미 등에서 공통점을 찾아가면서 공감대를 형성하는 것이 대표적이다.
· 맞춤식 라포는 공통의 경험이나 관심사를 찾기 어려운 조건에서 라포를 형성하는 것을 말한다. 이 경우에는 충분한 준비와 조사를 통해 상대방의 관심사와 경험 등의 배경 정보를 수집하고, 이에 맞추어 자신의 관심사와 연결되는 지점을 찾는 노력을 해야 한다.

[출처: 신연희 외, 〈라포에 대한 개념 분석〉, 근관절건강학회지 제24권 3호, 2017.]

3. 라포의 형성 방법

라포는 상호 간의 심리적 공감대 위에 형성되는 유대감을 말한다. 따라서 라포를 형성하려면 먼저 상대방의 입장에서 생각하고 노력할 필요가 있다. 라포를 형성하는 방법은 다음과 같이 열 가지로 정리할 수 있다.

1) 첫인상

상대방의 경계심을 풀고 편안한 관계를 형성하려면 첫인상부터 친근감을 주어야 한다. 복장이나 치장 등에서 상대방이 위화감을 느끼지 않도록 해야 한다.

2) 경청

좋은 커뮤니케이션을 위히서는 기본을 지켜야 한다. 상대방의 말을 경청하고, 대화에 적극적으로 참여하되, 상대방을 존중하고 있다는 느낌을 주어야 한다.

3) 가벼운 유머

상황에 맞는 유머를 사용해 분위기를 부드럽게 만든다. 웃음은 거리감을 줄이고, 친밀감을 형성하는 데 도움을 준다.

4) 경험 공유

경험을 공유할 수 있는 기회를 찾는다. 라포는 상대방과 상호작용하는 가운데 형성된다. 취미나 모임에 함께 참여해 경험의 폭을 넓히는 것도 좋은 방법이다.

5) 공감

상대방의 관점에서 사물을 바라본다. 자신의 일방적인 관점에서 벗어나, 상대방의 감정을 이해하고 공감하려고 노력해야 한다.

6) 유사성

상대방의 말투나 행동, 언어 습관 등을 자연스럽게 따라하면 라포 형성에 도움이 된다. 그러나 지나치게 흉내를 내는 것으로 비칠 경우 역효과를 낳을 수 있다.

7) 일관성

일관성 있고 신뢰할 수 있는 행동으로 신뢰를 구축한다. 약속을 지키고, 투명하게 소통하며, 정직하게 행동한다.

8) 비언어적 소통

눈맞춤, 고개 끄덕임. 미소 등의 비언어적 의사소통을 통해 관심과 존경을 표현한다.

9) 칭찬과 인정

상대방의 강점이나 성취를 진심으로 칭찬하고 인정한다. 긍정적인 피드백을 통해 상대방이 존중받고 있음을 느끼게 한다.

10) 자기 개방

자신에 대한 이야기를 적절히 공유해 상대방이 잘 이해할 수 있도록 한다. 자신의 감정과 경험을 공유함으로써 상대방도 자신의 이야기를 할 수 있도록 격려한다.

코치와 고객 사이의 라포 형성은 매우 중요하다. 고객이 심리적 안정과 신뢰를 느껴야 더욱 효과적인 코칭이 되기 때문이다. 이를 통해 고객은 원하는 목표를 더 효과적으로 이룰 수 있다.

실습

라포 형성 10가지 방법을 바탕으로 아래 질문에 답해 보세요. (20분)

[방법]

– 조별로 실습

· 상대방의 첫인상은 어땠나요? 그 이유는?

· 라포를 형성할 수 있는 질문을 만들어 보세요.(단순한 라포, 즉흥적 라포, 맞춤식 라포를
  각 5개 이상)

_____

_____

_____

_____

_____

_____

_____

· 작성한 질문을 조별로 발표해 보세요.

_____

_____

_____

_____

_____

_____

_____

_____

④
사람의 특성과 동기부여 요소의 다양성

나와 비슷한 성향을 가진 사람은 있을 수 있지만, 나와 똑같은 사람이 있을 가능성은 사실상 없다. 사람마다 제각각인 것 중 하나로 지문을 들 수 있는데, 지문이 같을 확률은 약 870억분의 1정도라고 한다. 2024년 기준, 지구 인구가 81억 명을 조금 넘으니 지문이 같을 확률은 거의 없다. 그만큼 사람은 각자 자신만의 특성, 정체성, 스타일, 언어, 행동 패턴을 갖고 있다.

코치는 고객의 이러한 다양한 특성을 이해하고, 코칭에 활용해야 한다. 제각기 행동 패턴이나 스타일 등이 모두 다르기 때문에 한 사람의 특성을 제대로 알기는 쉽지 않다. 그러나 다행히도 사람의 성격이나 행동 패턴을 검사하는 도구들이 다양하게 개발되어 있다. 대표적으로 DISC, 에니어그램, MBTI, 한국형 도형심리, 버크만 진단 등이 사람의 행동 유형과 대화 스타일 등 다양한 특성을 알아보는 도구들이다.

예를 들어 DISC는 사람의 행동 유형을 크게 4가지 구분하고 있다. 사람을 파악하는 데 이것을 참고할 수도 있을 것이다. 하지만 어떻게 모든 사람의 행동 유형을 이 4가지로 구분할 수 있겠는가? 다만 코칭 대화를 할 때 맞춤형으로 참고할 수는 있을 것이다.

또한 X세대, Y세대, MZ세대 등 각 세대를 하나의 시각이나 특정 단어로 표현하는 불편한 현실을 우리는 접하곤 한다. 이와 같이 한 단어나 한 문장으로 집단과 사람을 프레이밍(Framing)하면, 세대의 특징을 해석하는 과정에 영향을 미치게 된다. 프레이밍 과정에서 어느 한 집단을 동질화시키는 '틀'을 만들면, 이는 자칫 선입견과 고정관념으로 이어져 갈등을 야기할 수 있다. 따라서 개인이나 집단을 하나의 '틀'에 넣는 것은 매우 위험한 발상이다. 이로 인해 어느 세대나 특정 집단에 대해 선입견이나 고정관념을 가지게 된다.

[출처: 김동기(2022), 《리더의 동기부여 대화법》, 호이테북스, p185-187.]

고객을 대할 때 가장 중요한 것은 마주하는 순간마다 존중하고, 있는 그대로를 인정하는 것이다. 그런데 이해하려다 보면 오히려 이해되지 않을 때가 많다. 이는 서로 다른 환경과 문화와 가치관과 신념 때문에 그런 것이다. 먼저 고객의 생각을 존중해 주면 된다. 코치의 생각을 고객에게 주입시키거나 이해시키려 할 때 관계는 어려워진다. 따라서 사람에 대해 선입견을 배제하고, 있는 그대로 보는 것이 중요하다. 정 모르겠거나 이해하기 어렵다면 질문을 하면 된다. 그래야 고객과의 코칭 대화가 동기부여로 이어질 수 있다.

___ **활동** ___

사람의 특성과 동기부여 요소의 다양성에 대한 설명을 듣고, 아래 질문에 답해 보세요. (20분)

[방법]

– 조별로 실습

· 나는 어떤 동기부여 요소들이 있는가? 사례를 들어 설명해 보세요.

_____

_____

_____

_____

· 각자 정리된 생각을 조별로 토론해 보세요.

· 조별로 토론한 내용을 발표해 보세요.

모듈 4

STV-GROW 코칭 대화 모델

학습 목표

1. STV-GROW 코칭 대화 모델의 구조를 이해할 수 있다.
2. 단계별 코칭 대화의 의미를 이해하고, 질문을 활용할 수 있다.
3. STV-GROW 코칭 대화 모델로 코칭 대화를 할 수 있다.

학습 내용

1. STV-GROW 코칭 대화 모델의 구조
2. 단계별 설명과 질문 사례
3. STV-GROW 코칭 대화 실습

시작하며

　코칭의 적용 분야는 매우 다양하다. 비즈니스 코칭, 커리어 코칭, 라이프 코칭 외에도 기준에 따라 다양하게 분류할 수가 있다. 코칭의 활용 분야는 다양하지만 공통적인 것이 있다. 고객이 스스로의 잠재력을 발휘하고 실행해 성과를 극대화하도록 지원한다는 것이다. 따라서 코칭을 할 때의 대화는 일반적인 대화와는 분명한 차이점이 있다. 코칭 대화는 고객이 자신의 문제를 인식하고, 해결하며, 능동적으로 실행하도록 하는 구조와 방향성을 지니고 있다. 그리고 이렇게 구조화된 코칭 대화는 성과 달성에 직접적으로 영향을 미친다.

　본 장에서 소개하는 STV-GROW 코칭 대화 모델은 존 휘트모어(John Whitmore)의 GROW 모델을 기반으로 하고 있다. 그는 자신의 저서인 《성과 향상을 위한 코칭 리더십》에서 각 단계별로 코치가 무슨 질문을 어떤 순서로 해야 하는지 명확하게 소개했다. 여기서는 그 바탕에 고객과 코치의 관계를 형성하는 단계(Set up), 대화의 흐름을 잡을 수 있는 주제(Theme) 선정, 목표를 통해 이루고 싶은 꿈, 즉 비전(Vision)을 구성했다. 그리고 대화의 마무리 단계인 Will에 Wrap up을 추가했다. 이는 코칭 세션을 통해 알거나 느낀 것 등을 마무리 단계에서 곱씹어 고객이 마음가짐을 새롭게 다지도록 하기 위함이다.

　자, 이제 본격적으로 코칭 대화 모델을 알아보자.

STV-GROW 코칭 대화 모델의 구조

코칭 대화에는 여러 가지 모델이 있다. 그중 가장 보편화되고 대표적인 것이 존 휘트모어(John Whitmore)의 GROW 모델이다. GROW 모델은 Goal(목표 설정), Reality(현실 인식), Options(대안 탐색), Will(실천 의지)로 구성되어 있다. 이런 구조화는 코칭과 일반 대화가 구별되는 전문적인 영역이다.

STV-GROW 코칭 대화 모델은 GROW 대화 모델을 기반으로, 앞부분에 S.T.V(Set up. Theme. Vision)로 관계 형성, 테마, 비전을 제시해 목표 설정을 위한 초기 단계를 구성했다. 그리고 W는 Will과 Wrap up의 두 단계로 분류했다. Will은 행동 계획의 실천 의지를, Wrap up은 코칭의 마무리 단계로서 코칭을 통해 알아차린 것과 코칭의 성과, 코칭을 통해 무엇을 배웠는지를 확인하는 단계로 구성했다. 이를 통해 STV-GROW 대화 모델은 누구든 원하는 목표를 달성할 수 있도록 구조화했다.

이렇게 구조화된 코칭 대화는 다음과 같은 이점을 제공한다.

첫째, 코칭 대화의 툴(Tool)을 제공한다.
둘째, 성과를 향해 나아가는 과정이 예측 가능하다.
셋째, 상호 협력하는 환경을 만들어 준다.
넷째, 의도하는 대로 대화를 이끌어 갈 수 있는 효과적인 방법을 제공한다.

[출처: 정경희 코치, 〈구조화된 코칭 질문이란?〉, https://brunch.co.kr/@exceo/28]

1. STV-GROW 코칭 대화 모델

1) Set up. Theme. Vision: 관계 형성, 주제, 비전

본격적인 GROW 모델에 들어가기 전 효과적인 코칭 대화의 바탕을 마련하는 단계이며, 코칭의 시작이기도 하다. 고객에게 편안함 신뢰를 주며, 고객이 생각하는 코칭 주제와 이루고 싶은 미래를 그리며 의욕을 다지는 단계이다.

(1) Set up

고객이 긴장을 풀고 편안하게 코칭에 대한 의식을 높이는 단계이다.

· 오늘 기분 좋은 일을 하나 얘기한다면?

· 오늘 컨디션은 어때요?

· 지난 1주일 동안 기분 좋았던 일은 어떤 것이 있나요?

· 코칭을 받는 지금 어떤 기분인가요?

· 코칭에 대해 어떤 기대를 갖고 있나요?

(2) Theme

어떤 문제가 해결되기를 원하는지, 어떤 것이 변하기를 원하는지 주제를 설정한다.

· 무엇에 대해 이야기하고 싶나요?

· 어떤 주제로 이야기하고 싶나요?

· 코칭을 통해서 무엇을 해결하고 싶나요?

· 그밖에 다루고 싶은 주제가 있나요?

· 여러 주제 중 어떤 주제로 하고 싶나요?

· 지금 선정한 주제를 다루고 싶은 이유는?

· 그것에 대해 좀 더 구체적으로 얘기해 주세요.

(3) Vision

비전 그리기로 주제에서 되고 싶은 모습을 구체적으로 정한다.

· 그 주제에 대해서 가장 이상적인 상태는 어떤 모습인가요?

· 목표를 이룬 후 가장 바람직한 상태는 어떤 것인가요?

· 목표를 이룬 상태는 구체적으로 어떤 모습(이미지)인가요?

· 그 모습(이미지)을 좀 더 자세히(구체적으로) 말해 주세요.

━━ 실습 ━━

코칭의 시작 단계인 'Set up. Theme. Vision'에서 위에 있는 질문들을 파트너와 실습하고, 라포 형성과 주제 선정 그리고 비전에 대해 다양한 질문들을 만들어 보세요. (10분)

[방법]

– 2인(코치와 고객) 1조

– 역할을 바꿔서 실습해 보세요.

– 함께 다양한 질문들을 만들어 보세요.

2) Goal : 목표 설정

주제를 좁혀서 명확한 목표를 설정하는 단계이다. 이 단계에서는 고객이 원하는

장·단기 목표를 확인하고 설정해야 하는데, 분명하고 구체적인 목표여야 한다. 특히 목표는 반드시 고객이 스스로 원하는 목표여야 한다. 자신이 원해서 할 때 더 잘할 수 있고, 자신의 선택은 자기 동기부여로 이어지기 때문이다.

·오늘 코칭에서 무엇을 얻고 싶나요?
·오늘 코칭의 목적은 무엇인가요?
·그 목표를 달성하려는 목적은 무엇인가요?
·그 목표가 무엇 때문에 중요한가요?
·그 목표를 구체적으로 말씀해 주실 수 있나요?
·그 목표가 달성되는 것은 당신에게 어떤 의미가 있나요?
·그 목표에 대해 언제까지 어떤 형태로 최종 결과를 얻고 싶나요?
·그 목표가 달성된 것을 어떻게 알 수 있나요?
·이 코칭 세션이 끝났을 때 당신은 어떤 결과를 얻고 싶나요?

실습

'목표 설정' 단계에 대한 내용을 보고, 앞선 STV(Set up. Theme. Vision)에 이어서 파트너와 실습해 보세요. 소감을 나누고, 이 외에도 목적 설정에 적합한 다양한 질문들을 만들어 보세요.(15분)

[방법]

- 2인(코치와 고객) 1조
- 역할을 바꿔서 실습해 보세요.
- 소감을 나누고, 함께 다양한 질문들을 만들어 보세요.

3) Reality: 현실 파악

목표 달성을 위해 현 상황을 확인하고, 목표와의 차이(Gap)를 객관적으로 인식하기 위한 단계이다. 코칭 주제와 관련해서 현 상황을 점검한다는 것은 현실을 긍정하거나 부정하는 것이 아니라 사실 그 현실 자체를 파악하는 것을 뜻한다. 문제 해결의 출발점이므로 현 상황을 객관적으로 파악할 수 있는 질문이 바람직하다.

· 고객님께서는 현재 상황을 어떻게 인식하고 있나요?

· 지금은 어떤 상태인가요?

· 과거에도 이와 비슷한 문제가 있었나요?

· 지금까지 어떤 것이 효과가 있었나요?

· 목표 달성을 10단계로 나눈다면, 지금은 몇 단계인가요?

· 문제를 해결하기 위해 당신은 무엇을 시도해 보았나요?

· 이대로 상황이 지속된다면 어떤 상황이 벌어지리라 생각하나요?

· 현재 어떤 것이 기대하는 목표에 비해 가장 부족한가요?

▦ 실습 ▦

'현실 파악' 단계에 대한 내용을 보고, 앞선 STV(Set up. Theme. Vision)와 목표 설정에 이어서 현실 파악(Reality)까지 파트너와 실습해 보세요. 소감을 나누고, 이 외에도 현실 파악에 적합한 다양한 질문들을 만들어 보세요. (15분)

[방법]

– 2인(코치와 고객) 1조

– 역할을 바꿔서 실습해 보세요.

– 소감을 나누고, 함께 다양한 질문들을 만들어 보세요.

4) Options: 대안과 선택

목표를 달성하기 위한 아이디어 도출 단계이다. 대안을 찾을 때 코치와 고객은 다양한 아이디어와 방법을 함께 나누고, 정보·시간·돈·사람·경험·강점·기술 등 다양한 자원을 도출하게 된다. 또한 코치는 고객이 기존에 생각해 보지 못한 대안을 끌어내서 생각을 확산할 수 있도록 해야 한다. 이때 코치는 부정적인 질문을 절대 삼가야 한다.

· 당신이 생각하는 가능한 대안은 무엇인가요?

· 목표에 가까워지기 위해서는 어떤 방법이 있나요?

· 조금 망설여지지만 시도해볼 만한 가치가 있는 것은 무엇인가요?

· 가장 우선순위가 높은 대안은 무엇입니까?

· 지금 말씀하신 대안 중 하나를 선택한다면 어떤 것인가요? 그 이유는?

· 그 대안의 장점과 단점은 무엇인가요?

· 당신의 어떤 지식과 경험과 인맥이 도움이 될 것 같나요?

· 시간과 예산과 인력 등에 대한 권한이 충분히 주어진다면 어떻게 하겠습니까?

실습

'대안과 선택' 단계에 대한 내용을 보고, 앞선 목표 설정, 현실 파악에 이어서 대안과 선택 (Options)까지 파트너와 실습해 보세요. 이 외에도 대안과 선택에 적합한 다양한 질문들을 만들어 보세요. (15분)

[방법]

– 2인(코치와 고객) 1조

– 역할을 바꿔서 실습해 보세요.

– 소감을 나누고, 함께 다양한 질문들을 만들어 보세요.

5) Will & Wrap up: 실행 의지 및 마무리

고객이 선택한 대안을 실제로 실천할 수 있도록 구체적인 계획을 세우는 단계와 코칭 세션을 통해 새롭게 알아차린 것이 있는지 인식하는 단계로 구성되어 있다. 이때 'SMART' 질문으로 각 요소가 충족되고 있는지 확인해 본다면, 'SMART'로 생각하는 것의 효력을 느낄 수 있을 것이다.

(1) Will

고객이 선택한 대안을 실제로 실행할 수 있도록 구체적인 계획을 세우고, 고객이 실천할 수 있도록 환경을 조성한다.

- 성공적으로 실행하기 위해 필요한 것은 무엇인가요?
- 실행 과정은 어떻게 점검할 수 있나요?
- 어떤 지원과 도움이 필요한가요? 누구에게 도움을 얻을 수 있나요?
- 지금 하려는 행동이 목표와 일치하나요?
- 실천 의지를 1부터 10까지 숫자로 표현한다면 몇 점일까요?
- 제가 도와줄 것이 있습니까?
- 어떻게 하면 실행력을 높일 수 있나요?

이때 'SMART' 기법은 실천 계획을 좀 더 구체적 세울 수 있게 해준다. 예를 들어, 집을 짓는다고 생각해 보자. 집의 모습은 어떤 형태가 될지, 어디에, 몇 층으로, 어느 정도 넓이로, 언제까지 완공할 것인지 등 명확한 목표와 구체적인 실행 계획을 수립하면 구체적인 실행 계획도 보다 확실해진다.

'SMART'는 다음과 같은 것을 의미한다.

·**Specific:** 구체적으로 무엇을 하려고 하는가?

·**Measurable:** 실행을 어떻게 측정할 수 있는가?

·**Achievable:** 달성 가능한 일인가?

·**Realistic:** 현실적으로 가능한 일인가?

·**Time-bound:** 언제쯤 목표를 달성할 것인가?

(2) Wrap up

코칭 세션을 통해 새롭게 느끼거나 배운 것이 있는지 자기 내면을 성찰하는 단계이다.

·이 코칭 세션에서 얻은 성과는 무엇인가요?

·최종 목표에 얼마나 가까워졌나요?

·이 코칭 세션에서 어떤 것이 의미 있었나요?

·이 코칭 세션을 통해 자신에 대해 새롭게 배우거나 느낀 것은 무엇인가요?

실습

'실행 의지 및 마무리' 단계에 대한 내용을 보고, 'SMART' 기법을 활용해서 실행 의지 및 마무리(Will & Wrap up)에 대해 질문해 보세요.(15분)

[방법]

– 2인(코치와 고객) 1조

– 역할을 바꿔서 실습해 보세요.

– 소감을 나누고, 함께 다양한 질문들을 만들어 보세요.

조 편성 후 STV-GROW 코칭 대화 모델 실습 (75분)

[방법]

- 3인(코치, 고객, 관찰자) 1조(20분 실습, 5분 피드백)

- 코치는 STV-GROW 코칭 대화 모델 프로세스로 대화를 진행해 주세요.

- 고객은 가벼운 주제를 선정해 주세요.

- 5분 피드백은 각자 역할에 대한 생각과 느낌을 말해 주세요.

- 역할을 바꿔서 실습해 보세요.

- 관찰자는 부록에 있는 '코칭 실습 피드백' 양식에 기록을 한 후 피드백해 주세요.

5장

코칭 대화의 기술

학습 목표

1. 경청의 중요성과 방해 요인을 설명할 수 있다.
2. 한국코치협회(KCA)의 적극 경청을 이해할 수 있다.
3. 경청의 태도와 방법을 설명할 수 있다.
4. 공감적 경청과 3F 모델을 설명할 수 있다.

학습 내용

1. 경청의 중요성과 방해 요인
2. 한국코치협회(KCA)의 적극 경청
3. 경청의 태도와 방법
4. 공감적 경청과 3F 모델

Part 1. 적극 경청
시작하며

대화는 말하는 사람과 듣는 사람 간의 소통을 의미한다. 사람의 말 한마디, 행동 하나하나가 소통이 잘되는 여부와 대화의 질적 차이에 큰 영향을 미친다. 그런데 소통의 원활함과 대화의 질을 높이는 데 더 큰 영향을 미치는 것이 있다. 바로 '경청'이다. 조직이나 사회의 성장을 좌우하는 데 중요한 역할을 하는 것이 소통이라면, 소통을 원활히 할 수 있도록 해주는 것이 바로 경청이다.

하지만 경청은 그저 듣는다고 해서 이루어지는 것이 아니다. 경청은 궁극적으로 상대의 마음을 읽고, 상대의 마음을 얻는 주춧돌이 된다. 오죽하면 많은 책에서 말하기보다 듣기를 더 강조하겠는가.

코칭에서도 경청은 매우 중요하다. 코치가 경청을 하면 고객에게 신뢰와 상호 존중의 마음을 얻을 수가 있다. 따라서 코치는 적극 경청을 통해 솔직하고 진정성 있게 소통하고, 고객의 말에 보다 귀를 기울여야 한다. 또한 고객과의 다양한 대화 속에서 맥락을 짚는 것도 경청을 해야 가능하다. 코치의 적극적인 경청이 고객의 성장 동기를 이끌어 낼 수 있기 때문이다.

Part 1에서는 코칭에서 반드시 실천해야 할 적극 경청에 대해 알아볼 것이다.

① 경청의 중요성과 방해 요인

1. 경청이란?

경청이란 상대방의 말에 귀 기울이고 주의 깊게 듣는 것을 말한다. 그러나 단순히 듣는 것은 경청이 아니다. 상대방이 전하고자 하는 말과 행동은 물론, 무엇을 인식하고 있는지/인식하지 못하는지, 그리고 상대방이 말과 행동 속에 내포하고 있는 감정이나 뜻은 무엇인지 등 더 깊은 수준으로 상대의 말을 듣는 것이 진정한 경청이다.

2. 경청의 중요성

미국의 심리학자 칼 로저스(Carl Rogers)는 경청에 대해 "누군가가 들어줌으로써 도저히 풀 수 없을 것만 같았던 일들이 해결될 수 있다는 사실이 얼마나 놀라운가. 누군가가 들어줄 때 도저히 풀리지 않았던 혼란스러움이 맑게 풀린 흐름으로 변화되어 간다는 사실이 정말 놀랍지 않은가. 누군가 이렇게 민감하게 공감하고, 집중해서 내 말을 경청해 준 적이 있다. 나는 마음속 깊이 감사를 느꼈다"라고 말했다.

경청이 중요하고, 무엇보다 필요하다고 말하지만, 정작 경청은 쉽지 않다. 따라서 동기부여 코칭을 하는 코치의 자세로서 경청을 할 때는 고객을 온전히 받아들이고, 고객의 내면에 있는 소리까지 수용하는 자세를 가져야 한다.

경청의 중요성을 정리해 보면 다음과 같다.

첫째, 상대방이 전달하고자 하는 말의 내용을 왜곡할 가능성이 적어진다.

둘째, 자신의 말을 이해하고자 하는 사람에게 신뢰가 생긴다.

셋째, 상대의 욕구 등 상태를 이해할 수 있다.

넷째, 자신이 존중받고 있음을 느끼게 한다.

경청은 일상적인 대화뿐만 아니라 코칭 대화에서도 코칭의 질과 효과를 높여주는 중요한 요소 중 하나이다. 코치가 적극적인 경청을 하면 고객은 편안함과 안정감을 느껴 스스로 마음을 열고, 생각을 정리하고, 새로운 아이디어를 떠올리게 된다. 또한 코치가 자신을 충분히 이해하고 있다는 생각에 신뢰감을 느끼고, 더욱 솔직하게 자신의 생각을 표현하게 되어 코칭의 효과가 높아지게 된다.

3. 경청의 방해 요인

처음부터 경청이 된다면 왜 이렇게 중요하고, 어렵다고 하겠는가? 판단하고 보고 듣고 평가하는 것이 자신도 모르게 습관이 되면, 다른 사람의 이야기가 귀에 들어오지 않고 겉돌게 된다. 〈하버드 비즈니스 리뷰〉에 발표된 연구 결과에 따르면, 대부분의 사람들은 일반적인 대화를 할 때 듣는 것의 25~50%만 기억할 수 있다고 한다.

경청이 되지 않은 경우를 보면, 먼저 자신이 할 이야기를 생각하거나 상대의 이야기에 자신의 경험을 연결하는 경우, 상대의 이야기를 평가하고 자신의 기준으로 판단하려는 경우가 있다. 그리고 다른 생각을 하거나 컨디션이 좋지 않은 경우 등 다양한 이유로 상대의 이야기에 집중하지 못하는 상황도 발생한다. 특히 평소 자신의 생각과 일치하는 정보는 잘 받아들이지만, 그렇지 않은 정보는 잘 받아들여지지 않는 경향이 있기 때문에 경청이 쉽지 않다.

〈경청의 방해 요소과 행동 패턴〉

방해 요소	행동 패턴
충고하기	자신의 지식, 관점, 충고, 조언
해석하기	상대의 생각을 읽어서 메시지에 집중하지 못함
단정하기	고객의 말이 끝나기 전에 반응하고 생각함
판단하기	듣고자 하는 내용인가를 판단해 선택적으로 들음
선입견	내용을 사전에 판단하거나 선입견을 가짐
다른 생각하기	상대의 이야기에 개인적 생각이나 상상을 함
끼어들기	상대의 말이 끝나기 전에 말을 함
비교하기	자신의 경험이나 지식과 비교함
자기 주장하기	자신의 생각을 주장함
집중력 저하	심리적 불안, 심신 피로 등으로 집중하지 못함

___ 실습 ___

경청의 중요성과 방해 요인에 대한 내용을 바탕으로 자신의 듣기 습관에 대해 말해 보세요.(5분)

[방법]

- 조별로 서로 의견을 나눠 보세요.

한국코치협회(KCA)의 코칭 역량 중 '적극 경청'

1. 적극 경청

1) 정의

고객이 말한 것과 말하지 않은 것을 맥락적으로 이해하고, 반영하거나 공감하여 고객 스스로 자신의 생각, 감정, 욕구, 의도를 표현하도록 돕는다.

2) 핵심 요소 및 행동 지표 설명

(1) 맥락적 이해

·**고객이 말한 것과 말하지 않은 것을 맥락적으로 헤아려 듣고 표현한다.**

고객은 '내 마음을 알아주는 코치'를 최고의 코치로 생각한다. 코칭 대화에서 고객은 마음에 있는 모든 것을 표현하지 못할 수도 있다. 그런 상황에서 미처 표현하지 못한 것까지 이해하고 알아준다면 코치에 대한 고객의 믿음은 높아질 수밖에 없다.

·**자신의 신념이나 가치관을 철저히 배제하고 고객의 이야기에만 집중한다.**

특히 코치의 어설픈 추측이나 추론은 맥락적 이해에 큰 걸림돌이 된다. 고객의 이야기를 들으면서 자신만의 잣대로 평가하는 것은 절대 삼가야 한다.

· **고객의 생각과 감정, 의도, 욕구, 신념 등을 충분히 이해해야 한다.**

고객은 다양한 감정을 지녔다. 우선은 그들을 이해해야 한다. 그리고 고객이 처한 상황이나 과제에 대한 고객의 관점과 입장까지 고려할 수 있어야 한다.

(2) 반영

· **눈 맞추기, 고객 끄덕이기, 동작 따라하기, 어조 높낮이와 속도 맞추기, 추임새 등을 하면서 경청한다.**

고객의 말에 적절한 반응을 보여 경청하고 있음을 나타낸다. 이러한 행동들은 코치로서 열린 마음으로 고객에게 관심을 보일 때 자연스럽게 나온다. 이런 행동을 할 때, 코치는 다음 몇 가지에 주의를 기울여야 한다.

① **눈맞춤:** 틈틈이 고객과 눈을 맞춘다. 하지만 고객을 지나치게 빤히 쳐다보는 것은 바람직하지 않다.

② **고개 끄덕이기와 동작 따라하기:** 적절한 타이밍이 중요하다. 아무때나 고개를 끄덕이거나 동작을 따라하는 것은 오히려 고객에게 불쾌감을 줄 수 있다. 동작을 따라할 때는 지나친 표현을 주의해야 한다.

③ **추임새:** 지나친 추임새는 고객의 이야기를 방해할 수 있다.

· **고객의 말을 재진술하거나 요약한다.**

재진술과 요약하기는 두 가지 목적이 있다. 첫째, 코치 자신이 고객의 말을 제대로 이해했는지 고객에게 확인하기 위함이다. 둘째, 고객 스스로 자신을 돌아보고 생각, 감정, 의도, 욕구 등을 정리할 수 있게 도움을 주기 위함이다. 재진술에는 고객이 말한 것을 그대로 이야기해주는 반복하기, 고객이 말한 것을 유사한 단어로 표현하는 바꾸어 말하기, 고객이 이야기한 내용을 간략하게 묶고 정리해 핵심적인 생각과 감정을 전달해 주는 요약하기 등이 있다. 재진술을 할 때는 고객이 의식하지 못할 정도로 자연스럽게 하고, 고객의 말보다 많거나 과장된 단어를 포함하는 것은 바람직하지 않다.

· 고객의 말과 행동에서 비합리적인 면이나 모순을 발견할 때는 직면을 사용한다.

구체적으로 고객의 말과 행동이 다르거나, 고객의 말과 생각이 다르거나, 고객의 말과 감정이 다를 때 사용한다. 예를 들면, 높은 자존감을 가진 아이로 성장했으면 하는 마음을 가진 부모가 아이의 사소한 것까지 간섭하면서 잔소리를 하는 경우가 대표적이다. 직면을 사용하는 또 다른 예로는 자신이 생각하는 것과 주변 사람들의 생각이 다를 때다. 가령, 부하 직원들에게 변화에 둔감하고 고집이 세다는 평가를 받는 리더가 자신의 장점이 경청이라고 생각하는 경우다. 직면을 사용할 때는 고객을 가르치려 한다는 느낌을 줄 수 있으므로 유의해야 한다. 무엇보다 신뢰가 높지 않은 상황에서 사용하는 직면은 코치에 대한 불신으로 이어질 수도 있다.

(3) 공감

· 고객의 생각이나 감정을 이해하고, 이해한 것을 고객에게 표현한다.

공감이란 고객의 관점을 통해서 세상을 보는 것이다. 그럼으로써 코치는 고객의 패러다임뿐 아니라 그들의 생각과 감정도 이해할 수 있게 된다. 코치는 고객의 안경을 쓰고 사물을 바라보는 것과 같이, 고객이 세상을 바라보는 마음의 틀을 이용해 고객의 생각과 감정을 이해해야 한다. 공감은 단순히 고객의 생각과 감정을 이해하는 것을 넘어 이해한 것을 표현해 주는 것까지도 포함한다.

· 공감 과정에서 동정이나 동일시가 되지 않도록 주의한다.

동정은 고객의 관점이나 입장에 서지 않은 채 걱정만 하는 것이다. 동일시는 동정과는 반대로, 코치가 고객과 감정적으로 지나치게 얽히면서 그 상황에 빠지는 것을 말한다.

·고객의 의도나 욕구를 이해하고, 이해한 것을 고객에게 표현한다.

고객의 입장과 관점에서 세상을 바라보고, 어떠한 선입견이나 편견도 없이 고객의 마음의 들여다보아야 그들의 의도와 욕구를 이해할 수 있다. 공감은 단순히 고객의 의도와 욕구를 이해하는 것을 넘어, 이해한 것을 표현해 주는 것까지도 포함한다. 코치는 고객의 말과 행동에서 어떤 의도와 욕구를 읽고 이해했는지를 고객에게 전달하고, 필요하다면 왜 그렇게 이해했는지 설명해야 한다.

(4) 고객의 표현 지원

코치는 고객이 자신의 생각, 감정, 의도, 욕구를 표현하도록 도와주어야 한다. 다음과 같은 행동은 고객이 자신의 생각, 감정, 의도, 욕구를 표현하도록 도와준다.

첫째, 진심으로 듣는다. 고객의 이야기를 대충 들으면 안 된다. 고객은 코치가 진심으로 듣는지, 대충 듣는지 직감적으로 안다. 코치도 고객에게 진심으로 듣고 있음을 표현해야 한다. 눈 맞추기, 고개 끄덕이기, 동작 따라하기, 어조 높낮이와 속도 맞추기, 추임새 넣기 등을 통해 고객에게 계속해서 신호를 보내야 한다.

둘째, 끝까지 듣는다. 고객의 말을 중간에 차단해서는 안 된다. 고객이 어떤 이야기를 하더라도 도중에 끊어서는 안 된다. 하고 싶은 말이 있다면 고객의 말이 끝난 다음에 한다.

셋째, 판단하지 않는다. 자신의 기준으로 고객을 판단해서는 안 된다. 자신의 가치관이나 신념 등으로 고객을 판단하는 순간, 코치는 고객에게 조언하거나 충고하는 실수를 범할 수 있다. 고객의 말을 판단하지 않고 진심으로 끝까지 듣는 것은 사실 쉽지 않다. 다음과 같은 여러 요인, 즉 고객의 말을 평가하고 조언하려는 마음을 가지는 것, 선입견과 편견을 가지고 고객의 말을 듣는 것, 고객의 말을 들으면서 머릿속으로 자신이 해야 할 말을 생각하는 것, 지나친 동정심을 가지고 고객의 말을 듣는 것, 고객을 피상적으로 이해하는 것, 피로·졸음·공상 등으로 고객에게 집중하지 못하는 것 등이 방해하기 때문이다.

코칭 핵심 역량 중 '적극 경청'에 대한 내용을 바탕으로 아래 질문에 답해 보세요. (10분)

[방법]

– 2인(말하는 사람과 듣는 사람) 1조

– 한 사람씩 질문에 대답한 후, 서로 느낌을 말해 보세요.

– 역할을 바꿔서 실습해 보세요.

· '적극 경청'에서 가장 인상 깊은 것은?

_____

_____

_____

· '적극 경청'을 한 문장으로 정리한다면? 그 이유는?

_____

_____

_____

· '적극 경청'을 위해 코치는 어떤 마음가짐으로 고객과 마주해야 하는가?

_____

_____

_____

③
경청의 태도와 방법

제대로 이야기를 듣고 있다는 사실을 고객이 느끼게 하는 데에는 듣는 사람인 코치의 태도와 마음가짐이 큰 영향을 미친다. 따라서 코치는 다음과 같은 사항들을 이해해 경청의 방법을 익혀야 한다.

1. 비언어적 태도와 방법

1) 눈맞춤

고객에 대한 관심, 흥미, 배려, 따뜻함은 신뢰 형성으로 이어진다.

2) 표정

미소 띤 표정으로 마주하면 고객이 친밀감과 따뜻함을 느껴 편안하게 대화를 나눌 수 있다. 물론 이야기의 내용에 따른 적당한 표정 변화는 필수다.

3) 자세

고객이 친숙해지기 쉽고, 가까워지기 쉽다는 인상을 받을 수 있는 자세를 취하는 것에 유의해야 한다. 너무 굳은 자세를 취하면 고객은 경계를 하고, 너무 느슨한 자세를 취하면 고객의 신뢰를 잃을 수 있다. 신체를 고객에게 오픈하는 등 편안함을 유지할 수 있는 자세로 임해야 한다.

4) 거리감

코치는 고객이 느끼는 개인적 거리감을 알아챌 필요가 있다. 일반적으로 고객에게 앉고 싶은 자리에 앉으라고 권하면 된다. 코치의 왼쪽이나 오른쪽 또는 마주보는 자리 등 어느 쪽이든 상관없다. 고객이 원하는 자리가 가장 좋다. 사람에 따라 편하게 느끼는 거리와 방향이 다르기 때문이다.

5) 기다림

고객의 말을 중간에 가로막지 말고, 판단이나 평가를 하지 않고 끝까지 듣는다. 또한 고객이 생각하고 있을 때는 생각이 정리될 때까지 기다린다.

6) Pacing

말하는 속도나 목소리의 톤, 크기, 호흡, 몸짓, 자세, 표정 등을 맞추면, 고객에게 편안함과 안정감을 줄 수 있다.

실습

아래 질문을 비언어적 태도와 방법만 사용해서 실습해 보세요. (10분)

[방법]
- 2인(코치와 고객) 1조
- 역할을 바꿔서 실습해 보세요.

·사회생활 중 가장 기억에 남는 일은?

_____

_____

_____

_____

·실습 후 각자 역할에 대한 느낌과 생각을 말해 보세요.

_____

_____

_____

_____

2. 언어적 표현과 방법

1) 맞장구

고객의 이야기에 흥미를 느끼고, 잘 듣고 있다는 의사 표시를 한다.

예) 아~~~, 네~~~, 그렇군요~~, 기뻤군요, 슬프셨군요, 힘들었군요 등

2) 되풀이하기

고객의 말을 되풀이한다. 그러면 고객은 자신이 말한 것이 코치에게 제대로 전해지고 있다는 느낌을 받게 된다.

예) 고객: 괴롭습니다.

코치: 괴로우시군요.

3) 재촉

고객이 더 많은 이야기를 하도록 유도하는 데 효과적이다.

예) 그래서요?, 다른 것은?, 또 어떤 것이 있을까요?

4) 요약하기

고객의 말을 요약하고 바꿔서 말해준다. 이는 고객이 한 말의 맥을 짚어주고, 흐름을 이어갈 수 있는 좋은 방법이다. 고객은 이로 인해 코치가 자신의 말을 잘 이해하고 있는지 확인할 수 있고, 자신의 생각도 정리할 수 있다.

실습

아래 질문을 언어적 태도와 방법만 사용해서 실습해 보세요. (10분)

[방법]

- 2인(코치와 고객) 1조
- 역할을 바꿔서 실습해 보세요.

· 인생에서 가장 보람된 일을 했던 것은?

_____

_____

· 실습 후 각자 역할에 대한 느낌과 생각을 말해 보세요.

_____

_____

아래 질문을 비언어적·언어적 태도와 방법을 모두 사용해서 실습해 보세요. (15분)

[방법]

– 3인 (코치, 고객, 관찰자) 1조

– 역할을 바꿔서 실습해 보세요.

·지금까지 살아오면서 가장 존중받았다고 느꼈던 순간은 언제인가요?

_____

_____

·실습 후 각자 역할에 대한 느낌과 생각을 말해 주세요.

고객 : 말하면서 어떤 것을 느끼게 되었나요? 그리고 마음은 어떤가요?

_____

_____

코치 : 고객의 이야기를 들으면서 어떤 것을 느꼈나요?

_____

_____

관찰자 : 고객과 코치의 대화를 보며 두 사람의 비언어적, 언어적 변화는?

_____

_____

[출처: 김헌수·김동기 외(2021), 《프로멘탈》, 예미, p34-35.]

④
공감적 경청과 3F 모델

1. 공감적 경청의 5단계

스티븐 코비 박사의 《성공하는 7가지 습관》 중 다섯 번째는 '먼저 이해하고 이해시켜라'이다. 그는 이를 위해서는 공감적 경청을 통해 상대에 대한 이해가 선행되어야 함을 강조했다. 그리고 다음과 같이 공감적 경청에 이르는 5단계를 제시했다.

- ·1단계 : 무시하기
- ·2단계 : 듣는 척하기
- ·3단계 : 선택적 듣기
- ·4단계 : 적극적 경청(귀 기울여 듣기)
- ·5단계 : 공감적 경청

코치는 공감적 경청으로 말의 내용을 집중하여 듣고, 그 이면에 숨은 의미를 이해하려고 노력해야 한다. 또한 이해한 것을 질문, 반복, 요약 등으로 확인해야 한다. 이것이 바로 공감적 경청이다. 이는 충분히 이해하고 있다는 느낌을 주어 고객에게 마음을 열고 적극적으로 참여하게 만든다. 이로써 공감적 경청은 고객에게 성장 동기와 자신감을 심어준다.

2. 공감적 경청을 위한 3F 모델

1) Fact

- 자신의 관점을 배제하고, 고객이 말한 내용 그대로 객관적인 사실을 듣는 것.
- 상대가 말한 내용들에 집중해 사실만을 요약한다.

  예) ~~하는 것인가요?

- 판단이 들어간 말은 저항을 일으킬 수 있기에 고객이 사용한 언어를 그대로 사용하는 것이 핵심이다.

2) Feeling

- 고객의 말에서 그의 감정을 파악하며 듣는 것.
- 고객의 말을 듣고 감정 상태에 대해 느낀 점을 표현한다.

  예) ~~한 감정을 느끼셨군요. 지금은 ~~한 감정이시군요.

- 언어와 표정 등에서도 감정이 나타나므로 세심한 관찰이 필요하다.

3) Focus

- 상대가 표현하지 못했지만 알아주었으면 하는 것이나 진짜 말하고자 하는 바를 파악하며 듣는 것.
- 고객이 한 말이 내포하고 있는 욕구나 의도를 파악한다.

  예) 당신이 진정 원하는 것은 ~~ 인가요?

  　　당신이 진정 원하는 것은 무엇인가요?

- 상대가 말하지 않은 것을 듣는 것. 따라서 평가, 판단 등을 하지 않고, 대상을 직접적으로 파악해야 한다.

3F 모델을 활용해서 아래 질문으로 공감적 경청을 실습해 보세요.(10분)

[방법]

– 2인(코치와 고객) 1조

– 역할을 바꿔서 실습해 보세요.

·살아오면서 가장 큰 영향을 끼친 사람은?

_____

_____

_____

_____

·실습 후 3F(Fact, Feeling, Focus)를 활용한 것과 그렇지 않은 것을 비교해서 각자 역할
 에서 느낀 소감을 말해 보세요.

_____

_____

_____

_____

_____

학습 목표

1. 왜 질문을 하는지 목적과 효과를 이해할 수 있다.
2. 한국코치협회(KCA)의 의식 확장을 이해할 수 있다.
3. 질문의 종류와 방법을 이해하고 활용할 수 있다.
4. 질문 시 주의할 점을 고려해서 질문할 수 있다.

학습 내용

1. 질문의 목적과 효과
2. 한국코치협회(KCA)의 의식 확장
3. 질문의 종류와 방법
4. 질문 시 주의할 점

Part 2. 질문(의식 확장)
시작하며

일반적인 질문이 알고 싶은 것에 대답을 듣는 데 관심이 맞춰져 있다면, 코칭 질문은 고객이 생각하는 이슈나 고객의 성장과 발전에 초점을 맞추고 있다.

코칭에서 가장 중요한 기법은 경청과 질문이다. 코칭 대화를 통해 고객을 지원할 때, 경청과 질문은 두 개의 톱니바퀴 같은 역할을 한다. 경청을 잘한다고 해도 고객이 말을 하지 않으면 아무 소용이 없다. 고객이 생각하는 이슈에 대해 이야기하려면 반드시 질문이 필요하다.

국제코치연맹(International Coach Federation, ICF)은 코칭을 "사고를 계속 자극하는 창조적인 프로세스"라고 정의하고 있다. 효과적인 질문은 고객이 가진 막연한 생각을 구체적으로 만들고, 관점을 바꾸어 새로운 가능성을 찾게 해준다. 또한 자신의 생각 속에 잠재된 '내재적 동기'를 깨닫게 해 자발적인 행동을 하게 해준다. 이와 같이 질문은 생각을 확장시키는 힘을 지닌 탁월한 기법이다.

Part 2에서는 코칭에서 '질문'의 의미와 종류, 방법에 대해 알아볼 것이다.

① 질문의 목적과 효과

1. 왜 질문을 하는가?

한국코치협회(KCA)의 코칭 역량 모델 중 '의식 확장'의 핵심 요소 중 하나는 '질문'이다. 질문은 그에 답하기 위해 생각의 폭을 넓혀주고, 의식을 확장시켜 통찰을 얻게 한다. 또한 질문은 내면의 동기를 자극해 변화를 촉진시키고, 원하는 결과를 얻으려는 사고와 행동의 실천에도 큰 영향을 미친다.

2. 질문의 목적

질문의 일반적인 목적은 정보의 수집이다. 즉 상대가 직면해 있는 내적·외적 환경에 대한 이해를 위해 정보를 수집하기 위함이다. 그러나 코칭에서의 질문은 정보 수집 외에 더 큰 목적이 있다. 고객의 생각을 확장시켜 더 넓고 깊게 생각하도록 하기 위함이다.

기본적으로 인간의 뇌는 질문을 받으면 대답을 찾는 특징이 있다. 코치가 질문하면 고객은 그 질문에 대답하기 위해 생각을 하게 된다. 그리고 이 과정을 통해 고객은 자신의 생각을 정리하게 된다.

3. 질문의 효과

효과적인 질문은 고객이 막연하게 생각했던 것을 구체화하는 데 도움을 준다. 또한 생각의 관점을 바꿔 새로운 가능성을 찾도록 도와준다. 그리고 목표를 명확히 하거나 목표 달성을 위해 실행할 프로세스를 구체화시켜 고객의 자발적인 행동을 촉진한다. 이처럼 코칭에서의 질문은 다양한 효과를 지니고 있다. 질문의 대표적인 효과를 고객의 관점에서 정리해 보면 다음과 같은 것이 있다.

· 자신을 더 많이 이해할 수 있다.
· 사고를 넓혀 관점이나 대안을 다양화할 수 있다.
· 경험, 지식, 주변 환경 등 자신에게 도움이 되는 자원을 발견할 수 있다.
· 자신에게 소중한 것, 이루고 싶은 것 등 자신의 내면을 알아차릴 수 있다.
· 미래에 원하는 모습이나 이미지를 생생하게 구현할 수 있다.
· 목표 달성을 위한 프로세스를 구체화할 수 있다.

이 외에도 코치의 질문에 답하는 과정에서 고객은 다양한 아이디어를 얻거나 새로운 가능성을 모색할 수 있게 된다. 그리고 무엇보다 자신의 생각을 다른 관점에서 바라보고, 다시 생각할 수 있어 전략적 사고를 하는 데 도움이 된다.

다른 사람의 질문을 받고, 새로운 깨달음을 얻었던 경험을 생각해 보세요. (20분)

[방법]

– 조별로 실습

·어떤 질문이었는지, 어떤 깨달음을 얻었는지 각자 말해 보세요.

_____

_____

_____

_____

·각자의 사례를 통해 상황이나 환경 등을 정리해 보세요.

_____

_____

_____

_____

·조별로 정리된 내용을 발표해 보세요.

_____

_____

_____

_____

②

한국코치협회(KCA)의 코칭 역량 중 '의식 확장'

1. 의식 확장

1) 정의

질문, 기법 및 도구를 활용해 고객의 의미 확장과 구체화, 통찰, 관점 전환과 재구성, 가능성 확대를 돕는다.

2) 핵심 요소 및 행동 지표 설명

(1) 질문

·긍정적, 중립적 언어로 개방적인 질문을 한다.

코칭의 본질은 자각과 책임을 불러일으키는 것이다. 자각과 책임감을 일깨우는 가장 좋은 수단은 질문이다. 코칭에서는 폐쇄적 질문보다 개방적 질문이 훨씬 효과적이다. 부정적, 판단적 언어는 지양하고, 가능한 한 긍정적, 중립적 언어를 사용하며, 긍정, 미래, 확대 등의 의미를 담은 개방적인 질문을 하는 것이 좋다. 개방적인 질문은 일반적으로 누가, 언제, 무엇을, 어떻게 등과 같은 의문사로 시작하는 열린 질문이다. '왜'는 종종 비난의 의미를 함축해 방어적인 대답을 끌어내므로 지양하는 것이 좋다. 질문은 기본적으로 고객의 관심과 사고를 따라가는 것이 원칙이다. 고객은 코치가 자신의 관심 영역에 집중한다고 느낄 때 책임감이 더욱 커진다.

(2) 기법과 도구 활용

· 고객의 상황과 특성에 따라 침묵, 은유, 비유 등 다양한 기법과 도구를 활용한다.

코칭 시작 전에 코치는 성격 진단, 리더십 진단, 다면 인터뷰 등 다양한 방법을 통해 고객이 처한 상황과 고객의 특성을 어느 정도 파악할 수 있다. 코칭을 진행하면서 집중해 관찰하면 고객에 대한 이해가 더 깊어진다. 표면에 드러난 이슈를 넘어 내면에 잠재된 이슈까지 끌어내리려면 고객이 지닌 신념, 가치관, 정체성 등을 확인해야 한다. 고객이 처한 상황과 특성에 맞춰 대화 중간중간에 적절히 침묵을 활용하면 대화의 깊이나 완급, 강약을 조절할 수 있다. 상징이나 이미지 등을 활용한 은유 기법과 사물, 동식물 등에 비유하는 기법은 고객이 객관적으로 자기를 관찰하고 성찰하는 데 도움을 줄 수 있다.

(3) 의미 확장과 구체화

· 고객의 말에서 의미를 확장하도록 돕는다.

고객의 말은 그의 의식적·무의식적 생각이 밖으로 표현된 것이다. 그렇게 표현한 말과 함께 목소리, 몸짓 등을 집중해 관찰한 후, 맥락에 맞춰 질문하면 고객이 가진 생각의 크기, 수준, 범위 등을 확산할 수 있다. 현재 말하는 수준이 표면적인 이슈에 머물러 있거나 과제에 대한 수단과 방법 차원에서 벗어나지 못하고 있다면, 코치는 그 이면을 탐색할 수 있는 질문으로 고객의 생각 수준을 가치 탐색이나 궁극적인 목적 탐색 등으로 확장할 수 있도록 도와야 한다. 고객의 말을 경청한 후 맞춤화된 좋은 질문을 한다면 고객은 미처 알지 못한 잠재적 욕구를 파악할 수 있음은 물론, 내면에 있는 가치관과 정체성을 확인할 수 있을 것이다.

· 고객의 말을 구체화하거나 명료화하도록 돕는다.

코치는 고객의 말을 듣고 난 후 의미를 확장하도록 돕는 한편, 그 의미를 수렴해 더 구체화하고 명료화하는 작업도 필요하다. 질문은 기본적으로 광범위하게 시작해 깔때기처럼 차차 그 범위를 좁혀 가는 것이 원칙이다. 코치가 고객에게 더 구체적인 대답을 요구하면 고객은 초점과 관심을 계속 유지하게 된다. 고객이 적극성을 보이도록 하려면 중요한 핵심 요소들이 그의 의식에 들어가도록 코치가 더 깊고 구체적으로 파고드는 것이 중요하다.

(4) 통찰
·고객이 알아차리거나 통찰을 하도록 돕는다.
코칭에서의 알아차림은 자신은 물론 자신을 둘러싼 주변 환경에 대한 자각, 인식, 의식 등을 의미한다. 통찰은 거기에 '아하'라는 새로운 깨달음을 더한 것이다. 코칭을 통해서 고객이 얻을 수 있는 중요한 유익은 알아차림과 통찰이다. 알아차림과 통찰을 통해 고객은 변화와 성장을 위한 발걸음을 뗄 수 있다. 코치는 고객의 알아차림과 통찰을 돕기 위해 기본적으로 질문을 사용하고, 고객의 상황과 특성에 따라 침묵, 은유, 비유 등의 다양한 기법과 도구 등을 활용한다.

(5) 관점 전환과 재구성
·고객이 관점을 전환하거나 재구성하도록 돕는다.
관점은 세상을 바라보는 사고의 틀이라 할 수 있다. 관점 전환은 세상을 바라보는 사고의 틀을 바꾼다는 뜻이다. 패러다임 전환, 상자 밖의 생각, 역지사지 등이 관점 전환과 맥락을 같이한다. 코치는 고객이 가진 관점이 자신이 추구하는 삶의 목적과 한 방향으로 정렬되어 있지 않다면, 이를 재구성해 새롭게 설정할 수 있도록 도와야 한다. 또한 평소 깊은 사유를 바탕으로 고객을 관찰하고, 고객에게 질문을 던져 관점을 전환하고 사고의 틀을 재구조화하도록 도와야 한다.

(6) 가능성 확대
·고객의 상황, 경험, 사고, 가치, 욕구, 신념, 정체성 등을 탐색해 가능성을 확대하도록 돕는다.

코치는 코칭 과정 전반에 걸쳐 항상 고객에게 호기심을 유지해야 한다. 또한 고객의 상황, 경험, 사고, 가치, 욕구, 신념, 정체성 등이 그가 추구하는 삶의 목적과 일치되는지, 한 방향으로 정렬이 잘 되어 있는지 관찰하고 탐색해야 한다. 그리고 코칭 중 고객이 추구하는 삶의 목적과 맞지 않거나 도움이 되지 않는 부분이 발견되면, 고객 스스로 알아차리거나 통찰할 수 있는 질문을 던져 긍정적인 변화와 성장을 하도록 도와야 한다. 실행과 목표 달성 가능성을 높이기 위해서는 고객이 궁극적으로 달성했을 때의 이미지를 생생하게 상상하도록 하고, 이를 통해 행동에 옮기도록 도와야 한다.

실습

코칭 핵심 역량 중 '의식 확장'에 대한 내용을 듣고, 아래 질문에 답해 보세요. (10분)

[방법]

- 2인(말하는 사람과 듣는 사람) 1조
- 한 사람씩 질문에 답한 후 서로 느낌을 말해 보세요.
- 역할을 바꿔서 실습해 보세요.

· '의식 확장'에서 가장 인상 깊은 것은?

_____

_____

_____

_____

_____

· '의식 확장'을 한 문장으로 정리한다면? 그 이유는?

· '의식 확장'을 위해 코치는 어떤 마음가짐으로 고객과 마주해야 하는가?

③
질문의 종류와 방법

1. 질문의 종류

1) 열린 질문과 닫힌 질문

열린 질문은 열린 문과 같다. 열린 질문은 고객이 스스로의 생각과 의견을 반추하게 한다. 코치의 질문에 대답하기 전에 좀 더 생각하게 만들고, 반응하게 한다. 이렇게 만들어진 생각과 의견은 다시 코치의 질문에 반영되어 고객이 자기 내면의 소리를 찾게 해준다. 반면에 닫힌 질문은 '예', '아니오'와 같이 짧은 대답을 요구한다. 고객에게 선택안을 제시할 경우 주로 사용한다. 따라서 코치는 고객이 자신의 이슈와 문제를 알아차리고, 해결할 수 있는 질문을 적절히 구사할 수 있도록 노력해야 한다.

– 열린 질문의 예

① 지금 얘기한 문제가 당신 일상에 어떤 영향을 미쳐 왔나요?
② 그 행동이 당신에게 어떤 의미가 있나요?
③ 요즘 업무 중에 신경 쓰는 일은 어떤 것이 있나요?

– 닫힌 질문 예

① 지금 얘기한 문제가 불편한가요?
② 그 행동은 할 수 있나요?

③ 요즘 하시는 일은 잘되나요?

2) 긍정적인 질문과 부정적인 질문

질문에는 긍적적인 단어를 사용하는 질문과 부정적인 단어를 사용하는 질문이 있다. 코칭은 고객이 원하는 목표를 이룰 수 있도록 지원하는 것이다. 즉, 내면의 동기를 자극해 고객의 행동 변화를 이끌어내는 것이다. 이때 부정적인 자극보다는 긍정적인 자극이 더 효과적이다.

- 긍정적인 질문의 예

① 그것을 이룬 다음에는 무엇이 있나요?
② 현재 마주한 상황을 어떻게 해결해야 한다고 생각하나요?
③ 또 어떤 것들이 도움이 될 수 있나요?

- 부정적인 질문의 예

① 할 수 있는 것이 그것밖에 없나요?
② 그 문제의 원인이 무엇인가요?
③ 또 어떤 것들이 문제라고 생각하나요?

3) 미래 질문과 과거 질문

코칭을 할 때는 고객이 원하는 목표 달성에 초점을 맞추고 대화를 해야 한다. 따라서 과거 질문보다는 미래 질문을 더 많이 사용해야 한다. 그러나 매번 그래야 하는 것은 아니다. 상황에 따라 미래 질문과 과거 질문을 모두 활용할 수도 있다. 예를 들어 과거의 성공 사례와 실패 사례를 질문하는 것이 대표적이다. 그러면 고객은 지금 해야 할 일들과 필요한 자원이나 도움 등을 생각할 수 있다.

- 미래 질문의 예

① 목표를 이룬 후 당신은 어떤 모습인가요?

② 지금 목표가 언제쯤 달성될 것이라고 생각하나요?

③ 문제 해결을 위해 앞으로 1주일 동안 할 수 있는 것은 무엇인가요?

- 과거 질문의 예

① 당신이 업무상 만족할 만한 성과를 얻었을 때 무엇을 준비했나요?

② 가장 힘들었을 때는 언제인가요? 그것을 통해서 무엇을 배웠나요?

③ 지금의 습관은 언제, 무엇 때문에 만들어졌나요?

4) 확대 질문과 한정 질문

확대 질문은 'what', 'why', 'how'에 의한 질문으로, 대답이 제한되어 있지 않고, 이야기가 확대되어 가는 질문이다. 또한 확대 질문은 차분하게 생각하거나 느끼게 함으로써 자신을 되돌아보고, 깨달음을 얻을 수 있는 질문이기도 하다. 반면에 한정 질문은 'who', 'when', 'where'에 의한 질문으로, 대답의 범위를 한정하고 있고, 지식이나 정보를 확인하거나 행동 계획을 수립하는 데 유용한 질문이다.

- 확대 질문의 예

① **What**: 생각하게 하거나 문제를 명확히 할 때 효과적이다.

예) 그 목표를 달성하면 당신은 무엇이 달라집니까?

② **Why**: 설명을 요구하거나 원인을 특정할 경우에 사용한다. 자칫 부정적인 사안에 대해 질문할 경우, 고객이 비난받고 있다고 느낄 수 있으므로 신중을 기해야 한다. 따라서 Why 질문은 What 질문으로 바꾸는 게 좋다.

예) 왜 안 되었나요? → 무엇(어떤 것)이 문제여서 안 되었나요?

③ **How**: 아이디어나 해결 방법을 생각하게 하는 질문이다.

예) 어떻게 하면 목표를 달성할 수 있습니까?

- 한정 질문의 예

① **Who:** 누구와 함께 있습니까?

② **When:** 언제까지 마치면 됩니까?

③ **Where:** 어디서 시작합니까?

실습

질문의 종류에 대한 내용을 보고, 질문을 만들어 보세요. (20분)

[방법]

- 조별로 실습

·아래 4가지 질문 종류별로 각각 2개씩 총 8개의 질문을 만들어 보세요.

(1) 열린 질문과 닫힌 질문

_____

_____

_____

(2) 긍정적인 질문과 부정적인 질문

_____

_____

_____

(3) 미래 질문과 과거 질문

(4) 확대 질문과 한정 질문

·각자 만든 질문을 조별로 공유하고 정리해 주세요.

·조별로 정리된 내용을 발표해 보세요.

2. 질문의 방법

코칭에서 가장 중요하다고 생각되는 것이 경청과 질문이다. 코칭은 답을 주는 것이 아니라 질문을 통해 스스로 답을 찾을 수 있도록 돕는 과정이다. 코칭 시 고객은 질문을 통해 자기 내면에 자리하고 있는 생각을 찾아낼 수 있고, 자신의 잠재력도 깨울 수 있다. 코칭은 이를 통해 고객이 원하는 목표를 이룰 수 있도록 해답을 찾아가는 것이다.

이때 고객의 목표 달성을 위해 코치가 생각해야 할 가장 기본적이고도 중요한 질문 3가지가 있다.

1. 지금 무슨 일이 일어나고 있는가?
2. 진정 어떻게 되고 싶은가?
3. 내가 할 수 있는 것은 무엇인가?

삶을 살아간다는 것은 변화의 동기를 항상 수반하고 있다. 따라서 동기가 없는 사람은 없다. 상대방이 가치 있게 생각하는 것을 이해하면, 무엇이 그의 내적 동기를 깨우는지도 알게 된다. 따라서 코치는 질문을 통해 고객이 가치 있게 생각하는 것이 무엇인지, 진정 원하는 목표가 무엇인지, 그 목표가 어떤 의미를 갖는지 등을 이해해야 한다.

일상에서 많이 쓰는 표현은 매우 추상적일 수 있다. 예를 들어, '성공하고 싶어요', '열심히 하겠습니다' 등 구체적이지 못한 표현들이 대표적이다. 목표를 세우고, 대안과 실행 계획이 구체화될수록 달성 가능성은 높아진다.

1) 실행을 구체화시키는 SMART 질문

목표로 하는 것이나 실행 계획은 질문을 통해 단계별로, 구체적으로 수립해야 한다. 이때 활용할 수 있는 것이 바로 'SMART' 질문이다. 예를 들어, 집을 짓는다고 가정해 보자. 집의 모습은 어떤 형태로 할지, 어디에, 몇 층으로, 어느 정도 넓이로, 언제까지 완공할 것인지 등 명확한 목표와 구체적인 실행 계획을 수립하면 실행 계획도 보다 확실해진다.

여기서 말하는 'SMART'는 다음과 같은 것이다.

· **Specific**: 구체적으로 무엇을 하려고 하는가?

· **Measurable**: 어떻게 측정할 수 있는가?

· **Achievable**: 달성 가능한 일인가?

· **Realistic**: 현실적으로 가능한 일인가?

· **Time-bound**: 언제까지 달성할 것인가?

'SMART'는 일반적으로 목표를 설정할 때 중요하게 여겨지는 요소들이다. 그러나 고객에게 처음부터 목표 설정에 대해 구체적으로 질문할 경우, 생각의 범위를 넓히지 못하는 한계에 부딪힐 수 있다. 따라서 실행 계획을 구체화시키는 시점에 활용한다면 더 유용할 것이다.

2) 척도 질문(수치화 질문)

목표를 기준으로 지금 상황이나 구체적인 평가를 위해 스스로 측정할 수 있도록 하는 질문이다. 스케일링(Scaling)이라고도 한다. 예를 들어, "조금만 더 노력하면 될 것 같아요"라는 말은 추상적이고 막연하게 느껴진다. 이런 경우, 숫자를 활용하면 목표와 현 수준을 쉽게 이해할 수 있다. 한 단계씩 성장하는 느낌을 줄 수 있어 이해와 실천 과정을 돕는 질문 방법이다.

예) 1부터 10까지 숫자 중 원하는 목표가 완벽하게 이루어진 상태가 10이라면, 지금은 몇 점일까요?

3. 질문 시 주의 사항

·간혹 코치가 간혹 자신이 알고 싶은 것을 질문할 때가 있다. 질문을 통해 알아야 할 것은 고객의 내면에 있는 소리이다. 즉, 내가 알고 싶은 것이 아니라 고객이 말하고 싶은 것을 질문해야 한다.

·질문은 간단명료해야 하며, 한 번에 한 개만 질문한다.

·고객의 말을 들으며 다음 질문을 생각하지 말고, 경청하고 난 후 그 말을 요약한다.

·대답이 늦다고 추궁하거나 조급해 하지 마라. 고객이 충분히 생각할 수 있도록 기다려주어야 한다. 침묵이 중요한 시점이다.

·코치의 생각이나 경험 등으로 유도하는 질문은 삼가야 한다. 고객 스스로 생각하는 것이 중요하다.

실습

Part 2. 질문(의식 확장)에 대한 내용을 바탕으로 다양한 질문 종류와 방법에 초점을 맞춰 코칭 실습을 해보세요. (20분)

[방법]

- 2인(코치, 고객) 1조

- 실습 후 각자 역할에 대한 생각과 느낌을 말해 보세요.

- 역할을 바꿔서 실습해 보세요.

학습 목표

1. 피드백을 이해하고 그 중요성을 설명할 수 있다.
2. 한국코치협회(KCA)의 성장 지원을 이해할 수 있다.
3. 피드백의 종류와 방법을 활용할 수 있다.
4. 효과적인 피드백을 위한 사전 준비에 대해 설명할 수 있다.

학습 내용

1. 피드백의 이해와 중요성
2. 한국코치협회(KCA)의 성장 지원
3. 피드백의 종류
4. 효과적인 피드백 방법
5. 피드백의 사전 준비

Part 3. 피드백(성장 지원)
시작하며

'어떤 행동에 대해 상대방으로부터 돌아오는 모든 반응'을 사전적 의미로 피드백이라 한다. 존 휘트모어(John Whitmore)는 "코치는 장애물이 아닌 목표에 초점을 맞추어 코칭받는 사람으로부터 자기 피드백을 끌어내 그들에게 방해 요소들이 사라지고 학습과 새로운 통찰력이 생기며 잠재력이 발휘될 수 있도록 한다"고 말했다. 코칭을 받는 사람이 자신의 강점과 학습을 통해 성장을 확인할 수 있는 것이 바로 피드백인 것이다.

사람은 각자의 시야가 한정되어 있고, 고정된 생각이 자리하고 있기 때문에 더 넓고 다양한 관점이 필요하다. 이때 피드백이 중요한 역할을 하게 된다. 코치의 피드백은 고객 스스로 객관적으로 되돌아 볼 수 있어서 다음 행동에 영향을 미치게 된다.

코칭을 하다 보면 피드백보다 컨설팅적인 제안이나 해결 방법을 요구하는 경우가 있다. 코치가 자신의 경험과 지식을 통해 해결 방법을 말하고 싶을 때도 있다. 하지만 이는 결코 바람직한 것이 아니다. 코치는 중립적인 태도로 고객이 답을 찾고 책임지는 마음가짐을 가져 스스로 성장하도록 지원해야 한다. 이와 같이 피드백은 긍정적인 힘을 바탕으로 사회생활과 일상에 동기부여를 해주는 중요한 요소이다.

Part 3에서는 '피드백'의 중요성과 종류 그리고 효과적인 방법에 대해 알아볼 것이다.

1

피드백의 이해와 중요성

1. 피드백이란?

피드백은 개인이나 조직이 자신의 행동이나 성과를 개선하기 위해 다른 사람으로부터 받는 의견이나 정보를 뜻한다. 또한 피드백은 학습의 성장, 개발의 기회를 제공하며, 목표에 달성하는 데 필요한 의견이나 조언을 주는 것을 의미한다. 코칭에서 피드백은 코치가 질문하고 고객의 답을 경청한 후, 그에 대한 코치의 생각이나 의견을 고객에게 전달하는 것을 말한다.

"당신의 삶을 바꾸기 위해 필요한 것은 단 하나, 피드백하는 것!"

- 피터 드러커(미국의 경영학자)

"피드백을 못 받으면 구성원은 무능해지고, 리더는 독재자가 된다."

- 로버트 카플린(하버드대학교 교수)

2. 피드백의 중요성

코칭에서 피드백은 고객의 성장과 발전을 위해 마음을 움직여 조화롭고 신뢰하는 인간관계를 만들어 준다. 또한 피드백은 고객의 성장과 발전을 지원하는데, 이를 정리해 보면 다음과 같다.

- 고객이 객관적으로 현재 상황을 인식할 수 있도록 지원한다.
- 고객이 취한 행동과 태도를 구체적으로 파악할 수 있도록 지원한다.
- 고객의 행동이 일으킨 영향에 대해 파악할 수 있도록 지원한다.
- 고객이 스스로를 깊이 있게 이해할 수 있도록 지원한다.
- 코치의 바람과 관점을 덧붙여 고객의 성장을 지원한다.

사람들은 일상이나 조직생활에서 의식적이든 무의식적이든 피드백을 한다. 부정적인 피드백을 좋아하는 사람은 물론 그리 많지 않다. 친밀함과 신뢰를 바탕으로 한 긍정적인 피드백은 자신에게 도움이 되기 때문에 누구든 흔쾌히 받아들일 준비가 되어 있다.

이 세상에 자신을 객관적으로 볼 수 있는 사람은 그리 많지 않다. 누구나 자신의 성장과 발전을 위해 변화를 추구하지만, 정작 명확하고 객관적이며 구체적으로 상황을 인식하는 사람은 별로 없다. 코칭에서 피드백은 고객이 추구하는 목표나 성장이 어느 정도 진행되었는지 코치의 관점에서 객관화해 전하는 것이다. 그 결과, 고객은 자기 자신에 대해 객관적으로 현 상황을 인식하고, 목표를 향해 효과적인 행동을 찾아낼 수 있게 된다.

코칭에서 피드백의 중요한 포인트 중 하나는 코치의 주관적인 피드백에 의해 고객이 자극을 받아 성장에 긍정적인 영향을 받는 것이다. 즉, 코칭을 통해 고객은 자신이 가진 긍정적인 면을 확인함으로써 자신감을 얻고, 실천 계획에 대한 동기부여를 새롭게 하여 적극적으로 변화를 하게 된다.

그동안 살아오면서 받았던 많은 피드백 경험을 생각하면서 아래 질문에 답해 보세요. (10분)

[방법]

- 2인(말하는 사람과 듣는 사람) 1조

- 한 사람씩 질문에 대답한 후 서로 느낌을 말해 주세요.

· 내가 받았던 피드백 중 의욕을 높여준 피드백과 그때 감정은?

_____

_____

_____

_____

_____

· 내가 받았던 피드백 중 의욕을 떨어뜨렸던 피드백과 그때 감정은?

_____

_____

_____

_____

_____

②

한국코치협회(KCA)의 코칭 역량 중 '성장 지원'

1. 성장 지원

1) 정의

· 고객의 학습과 통찰을 정체성과 통합하고, 자율성과 책임을 고취한다.

· 고객의 행동 전환을 지원하고, 실행 결과를 피드백하며, 변화와 성장을 축하한다.

2) 핵심 요소 및 행동 지표 설명

(1) 정체성과의 통합 지원

· **고객의 학습과 통찰을 자신의 가치관 및 정체성과 통합하도록 지원한다.**

학습은 배우고 익히는 것이며, 통찰은 그것에서 새로운 발견과 깨달음을 찾는 것이다.

코치는 고객이 코칭을 통해 얻은 학습과 통찰을 자신의 정체성과 가치관에 통합시켜

실행력을 강화하고, 지속적인 변화와 성장을 이룰 수 있게 지원한다.

(2) 자율성과 책임 고취

· **고객이 행동 설계와 실행을 자율적이고 주도적으로 하도록 고취한다.**

코치는 고객이 목표를 수립하고, 그 목표를 이루기 위한 실행 방법을 설계 및 실행하는

과정에서 고객 스스로 생각하고 판단해 결정하도록 고취한다. 이는 고객 스스로 선택

모듈 5. 코칭 대화의 기술 129

하고 선택한 것에 책임을 지도록 지지하고 격려한다는 것을 뜻한다. 인간은 타인의 강압이 아닌 자신의 자율성에 기반을 둔 내적 동기에 따라 행동할 때 자기 실현 경향성이 훨씬 더 높다.

(3) 행동 전환 지원

·고객이 실행 계획을 실천할 수 있는 후원 환경을 만들도록 지원한다.

코칭을 통해 새로운 학습과 통찰이 일어나더라도 고객이 실천하지 않으면 아무 의미가 없다. 학습과 통찰이 실천으로 연결되고 실천을 통해 성과 창출을 경험할 때, 고객은 비로소 지속적인 변화와 성장 가능성을 실감한다. 코칭 과정에서 고객의 실행력을 높이기 위해서는 고객 스스로 후원 환경을 만들도록 지원하는 것이 중요하다. 후원 환경을 만든다는 것은 실천과 점검 등 모든 것을 고객 혼자서 하는 것이 아니라, 관련 이해관계자와 인적 사항를 맺으라는 뜻이다. 실행 과정에서 예상되는 장애는 누구의 도움을 받아 헤쳐 나갈 것인지, 실행의 가속도를 높이기 위해서는 누구의 지지와 격려가 필요한지 등 고객 스스로 체계적인 후원 환경을 구축하도록 코치는 지원해야 한다.

·고객이 행동 전환을 지속하도록 지지하고 격려한다.

코치는 실천 과정에서 고객의 행동 전환을 가져오는 모든 동기와 성공 요소를 활성화해 행동 변화의 지속성을 유지하도록 지지하고 격려해야 한다. 행동 전환이 지속되려면 무엇보다 고객의 내적 동기에 따른 자율적 실천 행동이 이루어져야 한다. 고객의 행동이 궁극적으로 그의 삶의 목적에 어떻게 연결되는지, 얻을 수 있는 가치는 무엇인지, 무엇이 고객의 삶을 정말 즐겁고 재미있게 하는지 등을 확인하고, 지지하며, 격려해야 한다. 또한 고객이 실행 과제를 성공적으로 수행했을 때는 그 과정에서 기울인 노력과 성과를 인정하고, 칭찬 등을 통해 지지해야 한다. 반면에 실행 계획을 달성하지 못했거나 실패했을 경우에는 얻은 교훈을 확인하고, 다음 시도에서는 성공할 수 있도록 격려해야 한다.

(4) 피드백

· 고객이 실행한 결과를 성찰하도록 돕고, 다음 번 실행에 반영하도록 지원한다.

코치는 실행 결과에 대해 고객과 함께 점검하고, 실천 과정을 성찰할 수 있도록 도와야 한다. 또한 고객이 성찰을 통해 알게 된 긍정적 요소를 강화하고, 부정적 요소를 제거해 다음 번 실행의 성공 가능성을 높일 수 있도록 지원해야 한다. 고객이 성찰한 것을 실행에 반영하도록 돕기 위해서는 코칭 세션과 세션 간, 그리고 세션 종료 시 고객이 실행한 것을 직접 요약·정리하도록 하고, 그 과정에서 알아차린 것을 표현하도록 요청하는 것이 좋다. 코치의 피드백은 고객의 긍정적인 변화와 성장, 미래 가능성에 초점을 맞춰야 한다. 피드백이 고객의 성장과 발전을 바라는 코치의 선한 의도에서 나온 것이라 느낄 때, 고객은 피드백을 긍정적으로 수용하고, 차기 실행에 적극적으로 적용할 것이다.

(5) 변화와 성장 축하

· 고객의 변화와 성장을 축하한다.

코치는 실행 과정에서 관찰한 고객의 노력을 격려하고, 성공적인 결과를 함께 기뻐하며, 고객 스스로 주체가 되어 이루어 낸 변화와 성공을 축하해야 한다. 그러기 위해서는 코칭 전체 과정에서 고객의 언어, 행동, 가시적인 성과 등은 물론, 고객의 의식, 태도, 가치, 신념 등 내재적인 변화와 성장을 알아차리는 것도 중요하다. 고객의 작은 성취 하나, 행동 변화 하나도 놓치지 않고 감지하고, 고객이 새롭게 알아차린 것을 그때그때 인지하고 축하한다면, 코칭 자체는 즐거운 이벤트가 될 것이다. 코치는 마지막 코칭 세션이 끝나면 코칭 전반에 대한 평가를 하고, 마무리한다. 고객 스스로 학습하고 실행하고 성찰한 내용을 이해관계자들과 함께 공유하고, 그들에게 변화와 성장에 대한 따뜻한 격려와 지지를 받고 상호 축하하는 자리로 마무리한다면 더할 나위 없이 좋을 것이다.

코칭 핵심 역량 중 '성장 지원'에 대한 내용을 듣고, 아래 질문에 답해 보세요. (10분)

[방법]

– 2인(말하는 사람과 듣는 사람) 1조

– 한 사람씩 질문에 대답한 후, 서로 느낌을 말해 보세요.

– 역할을 바꿔서 실습해 보세요.

  ·'성장 지원'에서 가장 인상 깊은 것은?

_____

_____

_____

  ·'성장 지원'을 한 문장으로 정리한다면? 그 이유는?

_____

_____

_____

  ·'성장 지원'을 위해 코치는 어떤 마음가짐으로 고객과 마주해야 하는가?

_____

_____

_____

③
피드백의 종류

1. 인정

인정은 고객이라는 존재를 인정하고, 평가나 판단을 덧붙이지 않으며, 고객을 있는 그대로 받아들이는 것을 말한다. 그리고 자신과 고객의 가치관, 성격, 행동 등이 달라도 긍정적으로 받아들이고, 관심을 계속 유지하는 것이다. 그러기 위해서는 상대에 대한 선입견이나 자신의 고정관념과 편견을 버리고, 중립적인 자세를 취해야 한다.

인정에는 3가지 유형이 있다. 존재를 인정하고, 성장함을 인정하고, 내가 거둔 성과를 인정하는 것이 그것이다. 이 모든 인정은 자신이 타인으로부터 존중받고 있다는 것을 의미한다.

다음은 인정을 나타내는 말들이다.

· 네~~그렇습니까?

· 당신은 어떻게 생각하십니까?

· 너무 힘들었겠어요.

· 아~~ 그렇군요.

· 당신은 ~~ 한 분이군요.

· 2주 전보다 두 배 많은 결과를 얻으셨군요.

· 한 달 전에 세운 목표를 이번 주에 달성하셨군요.

·힘들어하던 행동을 끝까지 견디며 해내셨군요.

다음과 같이 상대방의 말에 적절히 반응하거나 상대의 말을 그대로 반복하는 것도 그의 의견에 찬성하는 것이 아니라 있는 그대로를 인정하는 것이다.

·**고객:** 요즘 너무 힘든 일들이 많아요.
·**코치:** 많이 힘드시군요.

이처럼 인정은 코치의 평가나 가치관에 따른 것이 아니라, 고객을 있는 그대로 인정하는 중립적인 자세에서 비롯된다.

2. 칭찬과 격려

칭찬과 격려는 어떤 차이가 있을까?

·**칭찬(稱讚):** 좋은 점이나 착하고 훌륭한 일을 높이 평가함.
·**격려(激勵):** 용기나 의욕이 솟아나도록 북돋워 줌.

두 단어는 의미는 비슷하지만 미묘한 차이가 있다. 칭찬이 결과에 관한 것이라면, 격려는 과정에 관한 것이라고 할 수 있다. 그렇다면 결과가 만족스럽지 않을 경우에는 칭찬을 하면 안 되는 것일까? 아니다. 그때가 오히려 칭찬이 적극적으로 필요한 순간이다. 그런 경우에는 과정을 칭찬하면 된다. 결과에만 초점을 맞춘 칭찬은 되도록 지양하는 것이 바람직하다.

- 칭찬과 격려의 예

·와~ 정말 잘했어요.

·네, 잘하셨어요. 지금처럼 하시면 됩니다.

·괜찮아요. 다음에 더 잘하시면 되죠.

·좀 더 완성도를 높이려면 어떻게 하는 게 좋을까요?

·다른 방법으로는 어떤 것이 있을까요?

·당신의 열정에 감동했어요.

·정말 추진력을 갖춘 리더십니다.

·노력하는 모습이 너무 멋집니다.

칭찬과 격려는 고객에게 관심과 애정이 있어야 가능하다. 지속적인 관심에 의한 칭찬과 격려는 고객에게 자신감과 자존감, 동기부여를 제공해 목표 달성 확률을 높인다.

하버드대학교 심리학과 교수인 데이비드 맥클랜드(David C. Mcclelland)와 미시건대학교의 존 앳킨슨(John Atkinson) 교수의 공동연구에 따르면, 동기부여와 성공 확률 간의 관계는 아래 그림처럼 '종' 모양의 곡선을 그린다고 한다. 성공 확률이 50%에 도달할 때까지는 동기부여와 일에 대한 노력이 증가하지만, 50% 이후에는 성공 확률이 증가해도 동기부여 수준은 하락한다고 한다. 처음에 목표를 정하고 추진할 때는 동기부여가 상승하지만, 어느 시점, 가령 일을 진행하는 데 어려움을 겪는 순간이 오면, 처음에 가졌던 마음가짐이 힘을 잃게 되는 것이다. 이때 필요한 것이 바로 코치의 '칭찬과 격려' 그리고 '위로'다.

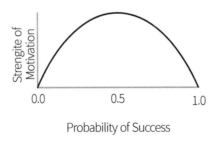

3. 제안

코칭에서 제안을 하는 목적은 고객의 선택 사항을 넓혀주고, 다양한 관점에서 생각할 수 있도록 돕기 위함이다. 고객의 관점이 한정되어 있는 경우, 새롭게 다양한 견해를 제공하면 고객이 생각의 폭을 넓혀서 좀 더 의미있고 효율적인 행동을 촉진할 수 있기 때문이다. 코치가 새로운 관점을 제안하면 고객은 이를 바탕으로 자신의 현 상황을 다시 검토한 후, 어떤 행동을 취해야 할지 정하게 된다. 이때 코치는 고객에게 취할 행동을 알려주는 것이 아니라 고객의 관점만 바꿔주면 된다.

다음은 코치가 고객에게 제안할 때 몇 가지 유의할 사항이다.

·고객에게 제안해도 될지 허락을 구한다.
·제안할 때는 가능한 근거와 이유를 제시한다.
·제안을 받아들일지 말지는 고객의 선택이므로 강요하지 않는다.
·제안한 새로운 관점을 바탕으로 다음에 어떤 행동을 취해야 할지 질문한다.

④
효과적인 피드백 방법

1. 고객이 피드백을 받아들일 준비가 되었는가를 살펴야 한다

고객에게 도움이 되는 피드백을 하기 위해서는 여러 가지 필요한 사항들이 있다. 무엇보다 고객이 피드백을 적극적으로 받겠다는 마음의 준비가 되어 있는지가 중요하다. 이때 필요한 것이 다음과 같이 마음을 두드리는 질문이다.

– 피드백을 위한 사전 질문의 예

·잠깐 피드백을 해도 되겠습니까?

·혹시 저의 생각을 말해도 되겠습니까?

·그 부분에 대해 저는 다른 생각이 있는데, 말해도 되겠습니까?

·이야기를 듣다가 떠오른 생각이 있는데, 말해도 되겠습니까?

·오늘 코칭하면서 알아차린 것이 있는데, 말해도 되겠습니까?

·오늘 코칭하면서 깨달은 것이 있는데, 말해도 되겠습니까?

이렇게 물은 후 고객이 받아들일 마음의 준비가 되었을 때 피드백을 해야 한다. 또한 고객이 피드백 내용을 수용할지 아닌지 선택할 수 있도록 해야 한다.

2. 샌드위치 피드백

인정과 칭찬 등 긍정적인 피드백은 상대를 존중해 주는 피드백이다. 교정이 필요할 때, 코칭 진행 중 알게 된 사실이나 알아차린 것 등을 충고와 조언 형태로 피드백하면 고객은 방어적으로 되기 마련이다. 이런 경우, 고객을 존중하면서 인정과 칭찬을 통해 교정을 하는 방법이 바로 '샌드위치 피드백'이다. 이때 교정 대상은 사람이 아니라 행동임을 잊지 말아야 한다.

1) 1단계
고객의 강점과 긍정적인 내용, 좋은 점 등으로 대화를 시작한다. 긍정적인 분위기는 고객이 마음을 열고, 듣게 한다.

2) 2단계
교정이 필요한 부분을 정확히 이해할 수 있도록 질문한다. 이때 던지는 질문은 구체적인 사실에 근거해서 스스로 문제를 인식할 수 있도록 해야 한다.
예) 제가 보기에 수정이나 보완할 사안이 자주 발생하는데, 이런 실수가 반복된다면 목표 달성에 어떤 영향을 미칠까요?

3) 3단계
업무나 일상의 어려운 사항 등 공감할 내용을 함께 이야기한 후, 스스로 해결 방안을 찾을 수 있도록 인정, 칭찬, 격려를 하면서 마무리한다.

실습

피드백의 종류와 효과적인 방법에 대한 내용을 바탕으로 피드백에 초점을 맞춰 코칭 실습을 해보세요.(20분)

[방법]

– 2인(코치, 고객) 1조로 진행

– 실습 후 각자의 역할에 대한 생각과 느낌을 말해 보세요.

– 역할을 바꿔서 실습해 보세요.

5

피드백의 사전 준비

피드백에는 다음과 같은 세 가지 핵심 포인트가 있다.

첫째, '타이밍(Timing)'이다.
둘째, '대화 주제의 적합성(Fit)'이다.
셋째, '디테일(Detail)'이다.

피드백을 하기 전 다음과 같은 질문으로 이 세 가지가 충족되었는지 점검해 보자.

·상황을 있는 그대로 관찰했는가?
·대화 내용에 적합한가?
·결과가 아닌 과정에 대한 분석도 있는가?
·상대의 역량과 진행 단계를 확인했는가?
·객관적인 사실과 행동만을 관찰했는가?

이런 관찰을 면밀하게 하면서도 코치가 빼놓지 말아야 할 것이 있다. 바로 기록하는 것이다. 사실에 근거한 기록은 똑똑한 머리를 능가하기 때문이다. 위에서 관찰한 사항들을 객관적 사실에 입각해 구체적으로 기록해야 한다. "당신의 삶을 바꾸기 위해 필요한 것은 단 하나, 피드백"이라고 했던 피터 드러커의 말처럼, 삶을 바꾸기 위해서 필요한 것은 행동이다. 행동에 옮기는 것은 감정의 문제다. 그리고 감정을 일으키기 위해서는 동기부여가 필요하다.

[출처: 김동기(2022), 《리더의 동기부여 대화법》, 호이테북스, p189-190.]

코칭 계약 및 실행 계획, 성과 평가

학습 목표

1. 코칭 계약의 방법과 사전 인터뷰를 설명할 수 있다.
2. 코칭 과정 중 실행 계획서, 성과 평가서를 활용할 수 있다.

학습 내용

1. 코칭 계약과 사전 인터뷰 내용 및 방법
2. 코칭 실행 계획서와 성과 평가에 필요한 서류

①

코칭 계약과 사전 인터뷰 내용 및 방법

1. 코칭 계약 방법

코칭의 모든 단계가 중요하다. 하지만 고객이 스스로 변화를 위해 준비하고, 마음가짐을 시작하는 코칭 동의도 중요한 요소이다.

전문 코치를 시작하면 주변의 지인이나 소개를 통해 코칭이 이루어지게 된다. 이 과정에서 코칭 계약과 관련된 내용을 설명하고 협의하여 계약으로 이어진다. 초기에는 구두로 이루어지는 경우도 있지만, 전문 코치로 활동하기 위해서는 구체적인 내용을 담은 서면 계약을 하는 것이 좋다.

※ 이 장에 소개되는 모든 양식은 부록 참조.

1) 코칭 동의서

코칭 계약을 할 때 필요한 서류로, 코칭 관련 필요한 내용들을 담고 있다. 예를 들어 코칭과 관련된 상호 간의 약속 사항이나 진행 방법 그리고 그 외에 협의가 필요한 내용을 담고 있다.

① **코칭 기간**: 코칭은 단발성보다는 중·장기적인 목표 달성을 목적으로 하는 경우가 대부분이므로 분명한 기간을 정해야 한다.
② **코칭 방법**: 대면 코칭을 기본으로 하지만, 상황에 따라 비대면이나 전화로 코칭을 진행할 수도 있다. 또한 회당 코칭 시간과 주기도 명시해야 한다.

③ **코칭 비용:** 코칭 기간과 주기가 결정되었다면 회당 금액과 총 금액을 정하는데, 선입금을 원칙으로 하는 경우가 대부분이다. 또한 어느 한쪽이라도 코칭 관계를 지속하기를 원하지 않을 경우에는 이를 중단할 수 있다.

④ 그 외에 코칭을 진행하며 필요하다고 생각되는 상호 의견을 담을 수 있다. 아래 표에는 개인 정보, 비밀 준수, 관계 특성 등에 대한 사례를 담고 있다.

⑤ 상호 연락처를 포함해 이메일 주소까지 기재한 후 서명한다.

코칭 동의서

귀하의 코치로 일하게 된 점을 기쁘게 생각합니다.

귀하께서 원하시는 목표를 달성하고, 많은 성과를 거두고, 밸런스를 맞춘 인생을 살며, 풍요롭게 생활하실 수 있기를 진심으로 기원합니다.

상호 간의 신뢰는 매우 중요하므로 항상 성실하고 솔직한 커뮤니케이션을 하도록 노력합시다. 그리고 코칭 진행 방법에 관해 개선할 사항이 있으면 서로 언제든 얘기를 나누도록 하겠습니다.

· 코칭 기간: 202 년   월   일 ~ 202 년   월   일
  단, 상호 협의해 위 기간은 변경할 수 있습니다.

· 코칭 방법: 기본적으로 대면 코칭을 하며, 줌 시스템에 의한 면대면 코칭 또는 전화로 진행함. 회당 (   )분, 월 (   )회

· 세션 일시: 상호 협의해 세션 일시를 정하고, 만약 변경을 원하면 하루 전까지로 합니

다. 당일에 무단으로 시간을 엄수하지 못한 경우, 1회기 세션을 진행한 것으로 인정합니다.

·코칭 비용

- 결재 : 회당 (   )원, 총 (   )회기 (   )원을 선결제합니다.
- 입금 계좌 :   (은행 / 예금주:)
- 입금 : 계약 후 3일 이내 일시불로 지급 / 이월 및 환불의 경우 협의 후 가능(단, 코칭 시작 후 무단 약속 불이행 시 불가함.)
- 본 계약은 입금 일자를 기준으로 효력이 발생합니다.

·개인 정보: 코칭 고객 로그파일 기록 시 필요한 인적 사항 수집에 동의합니다.

·비밀 준수: 코치는 세션을 진행하다 보면 귀하의 여러 비밀을 듣게 되는데, 그런 정보를 본인 이득을 위해 이용하지 않을 것이며, 다른 사람에게 알리지도 않겠습니다.

·관계 특성: 코치는 심리 치료나 심리 상담과 달리 고민이나 마음의 병을 취급하지 않습니다. 고객이 인생과 커리어에 있어서 실현하고자 하는 것에 초점을 맞춥니다. 이를 위해 저희 둘 사이에 좋은 관계를 쌓아가는 것이 매우 중요하므로 항상 성실하며, 솔직하게 커뮤니케이션을 하도록 노력합시다. 그리고 코칭 진행 방법에 관해 개선할 사항이 있으면, 서로 언제든 협의하겠습니다.

202   년   월   일

고객_ 성명: (서명)
　　　전화: 이메일:

코치_ 성명: (서명)

전화: 이메일:

2) 사전 인터뷰

사전 인터뷰는 계약 후 본격적인 코칭에 들어가기 앞서 고객이 삶에 대해 어떤 생각과 가치관을 갖고 있는지 짚어보는 것이다. 고객은 자신에 대한 이해를 높이고, 코칭을 받으려는 목표와 의도를 확인할 수 있다. 또한 코치는 고객을 이해하는 방법으로 사전 인터뷰를 진행한다. 아래 표 외에도 고객을 이해하는 데 도움이 되는 것이 있다면 추가해도 무방하다.

사전 인터뷰

▶ 내 인생에서 가장 중요한 것 3가지.

1. 이유: _____

2. 이유: _____

3. 이유: _____

_____

▶ 자신이 가장 자랑스럽게 생각하는 성과 3가지.

1. 이유: _____

_____

2. 이유: _____

_____

3. 이유: _____

_____

▶ 당신에게 가장 중요한 약속은 무엇인가요?

_____

_____

▶ 당신은 어떤 삶을 살고 싶은가요?

_____

_____

▶ 살아오면서 포기했던 꿈 또는 일은?

_____

_____

▶ 당신이 원하는 삶을 방해하는 요소는 어떤 것들이 있나요?

_____

_____

② 코칭 실행 계획서와 성과 평가에 필요한 서류

1. 코칭 실행 계획서

코칭을 진행하다 보면 최종 목표를 달성하기 위한 단기 실행 계획이 수립된다. '코칭 실행 계획서'에는 실행 과정 중 알게 되고 깨닫게 된 사항들을 기록한다. 이는 다음 회차에 활용될 뿐만 아니라 고객이 자신에 대해 더 많이 알는 기록을 담고 있기도 하다. 아래 양식 외에도 실행했지만 잘되지 않은 것, 다음 코칭 시간에 다루고 싶은 주제 등도 추가해 점검할 수 있다.

2. 코칭 성과 평가서

코칭에서는 변화가 점진적으로 나타난다. 목표를 달성하기 위한 행동과 그렇지 않은 행동도 섞여서 진행된다. 따라서 고객의 실행 노력과 주변의 지원에 따라 바라는 행동의 빈도도 증가한다. 이렇게 고객이 보이는 행동 패턴의 변화를 발견하는 것은 코칭의 성과를 점검하는 것과 같은 효과를 갖는다.

〈코칭 실행 계획서〉

목표

실행 계획(기간: 202   년   월   일 ~ 202   년   월   일
1. 2. 3. 4. 5.

실천사항
1. 2. 3. 4. 5.

과정 피드백(실천 과정에서 알고 느낀 점)
1. 2. 3. 4. 5.

실천 강화를 위한 자기 격려
1. 2. 3. 4. 5..

〈코칭 성과 평가서〉

코칭 초기에 설정한 목표 중 가장 만족스럽게 실행된 목표는?
성취 정도를 숫자(1~10)로 나타내 보세요.(점) 성취에 대한 만족도를 숫자(1~10)로 나타내 보세요.(점) 성취 내용을 구체적으로 정리해 보세요. 1. 생각 변화 측면: 2. 행동 변화 측면: 3. 느낀 점:
코칭 진행 중에 새롭게 얻은 성과나 새로 알게 된 것은?
1. 생각 변화 측면: 2. 행동 변화 측면: 3. 느낀 점:
위의 코칭 성과 평가를 보고 자신의 변화된 모습을 문장으로 표현해 보세요.
1. 2. 3. 4.

모듈 7

종합 실습

학습 목표

1. 동기부여 코칭에서 배우고 익힌 기술을 반복적인 실습을 통해 체득화한다.
2. 실전 같은 연습을 통해 전문 코치로 성장하는 자신과 상대의 변화를 이끄는 코치로서의 나를 인지한다.

학습 내용

1. STV-GROW 대화 모델 리뷰 및 코칭 실습의 필요성
2. 그룹 실습 및 피드백

① 실습의 필요성

코칭은 이론을 학습하는 것이 아니라 머리와 가슴으로 체득하는 것이다. 코칭은 커뮤니케이션 방법의 한 종류로도 볼 수 있다. 하지만 코칭의 이론적 배경과 지식을 습득한다고 해서 실전에서 훌륭한 코치가 되는 것은 아니다. 훌륭한 코치가 되기 위해서는 무엇보다 실전 훈련을 지속적으로 실행하고, 개인에 맞는 피드백을 순차적으로 체득화하는 과정이 필요하다.

이론적 배경과 지식들을 이해하고, 이것들을 코칭에 활용할 수 있다면 좋겠지만 현실에서는 그렇지 않다. 사람과 상황에 따라 같은 이론도 매번 다르게, 그리고 적합하게 적용해야 하기 때문에 시간과 노력이 절대적으로 필요하다. 사람에 따라 익숙해짐의 정도 차이도 다르겠지만, 분명한 것은 아래 그림의 계단 모양처럼 코칭 스킬을 체득한다는 것이다. 그러니 조급해하지 말고 시간을 들여 내공을 쌓을 필요가 있다.

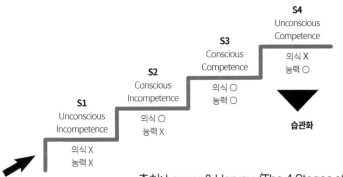

출처: Lauver & Harvey, 〈The 4 Stages of Learning〉, 1997

앞의 그림을 간략히 정리하면 다음과 같다.

· 1단계 : 무의식 무능력 단계
· 2단계 : 의식 무능력 단계
· 3단계 : 의식 능력 단계
· 4단계 : 무의식 능력 단계

지금까지 동기부여 코칭에 대한 이론적 배경과 방법에 대해 학습했다. 이는 2단계에 해당된다. 모쪼록 머릿속으로 하는 코칭으로 자신의 강점과 부족한 점을 인식하지 않기를 바란다. 그것은 혼자서 하는 짝사랑과 같다. 일상생활에서 질문을 하고, 경청하며, 상대를 인정하고 칭찬과 격려를 하면서 천천히 코칭에 물들어 가는 시간을 많이 만들어 보기를 권한다.

또한 동료와 고객을 상대로 실전 코칭을 경험한다면, 그것은 계단을 좀 더 빠르게 오를 수 있는 발판이 될 것이다. 그리고 코칭 경험을 선배 코치나 동료 코치와 함께 공유하고, 서로 자각하며 의욕을 높이는 피드백 대화를 나눠보기를 적극 권한다. 코칭의 세계에 깊이 들어온 것을 환영하며 이제 본격적으로 활기차게 코칭을 해보자.

그룹 실습 및 피드백

실습

STV-GROW 대화 모델을 기초로 경청, 질문, 피드백 등 코칭 대화 기술을 활용해 코칭 실습을 해보세요.(150분)

[방법]

- 3인(코치, 고객, 관찰자) 1조(30분 실습)

- 부록에 있는 '코칭 실습 피드백' 양식을 작성해 보세요.(10분)

- 실습 후 각자의 역할에 대해 생각과 의견을 말해 보세요.(10분)

  특히 고객과 관찰자는 샌드위치 피드백을 활용해 말해 보세요.

- 각자 역할을 바꿔가며 실습해 보세요.

부록

1. 코칭 기록지 - (   )회차

코치 성명		고객명(성별/연령대)	
코칭 날짜		코칭 시간	
코칭 주제			
코칭 목표			
코칭 내용 (전략)			
행동 계획			
고객 피드백			
코치 피드백			
참고 사항			

2. 코칭 실습 피드백

참가자 이름과 역할: 코칭 일시:

코칭 대화 프로세스		주요 질문 및 피드백
S.T.V	Set up	
	Theme	
	Vision	
Grow		
Reality		
Options		
W	Will	
	Wrap up	
고객 소감		
코치 소감		
관찰자 소감		

3. 코칭 전 사전 인터뷰

내 인생에서 가장 중요한 것.(3가지)
1. 이유:
2. 이유:
3. 이유:

자신이 가장 자랑스럽게 생각하는 성과.(3가지)
1. 이유:
2. 이유:
3. 이유:

당신에게 가장 중요한 약속은 무엇인가요?

당신은 어떤 삶을 살고 싶은가요?

살아오면서 포기했던 꿈 또는 일은?

당신이 원하는 삶을 방해하는 요소는 어떤 것들이 있나요?

4-1. 코칭 동의서

귀하의 코치로 일하게 된 점을 기쁘게 생각합니다.

귀하께서 원하시는 목표를 달성하고, 많은 성과를 거두고, 밸런스를 맞춘 인생을 살며, 풍요롭게 생활하실 수 있기를 진심으로 기원합니다.

상호 간의 신뢰는 매우 중요하므로 항상 성실하고 솔직한 커뮤니케이션을 하도록 노력합시다. 그리고 코칭 진행 방법에 관해 개선할 사항이 있으면 서로 언제든 얘기를 나누도록 하겠습니다.

·코칭 기간: 202 년   월   일 ~ 202 년   월   일

단, 상호 협의해 위 기간은 변경할 수 있습니다.

·코칭 방법: 기본적으로 대면 코칭을 하며, 줌 시스템에 의한 면대면 코칭 또는 전화로 진행함. 회당 (   )분, 월 (   )회

·세션 일시: 상호 협의해 세션 일시를 정하고, 만약 변경을 원하면 하루 전까지로 합니다. 당일에 무단으로 시간을 엄수하지 못 한 경우 1회기 세션을 진행한 것으로 인정합니다.

·코칭 비용

- 결재 : 회당 (   )원, 총 ( )회기(   )원 선결제합니다.

- 입금 계좌 :   (은행 / 예금주:)

- 입금 : 계약 후 3일 이내 일시불로 지급 / 이월 및 환불의 경우 협의 후 가능(단, 코칭 시작 후 무단 약속 불이행 시 불가함.)

– 본 계약은 입금 일자를 기준으로 효력이 발생합니다.

·개인 정보: 코칭 고객 로그파일 기록시 필요한 인적 사항 수집에 동의합니다.

·비밀 준수: 코치는 세션을 진행하다 보면 귀하의 여러 비밀을 듣게 되는데, 그런 정보를 본인 이득을 위해 이용하지 않을 것이며 다른 사람에게 알리지도 않겠습니다.

·관계 특성: 코치는 심리 치료나 심리 상담과 달리 고민이나 마음의 병을 취급하지 않습니다. 고객이 인생과 커리어에 있어서 실현하고자 하는 것에 초점을 맞춥니다. 이를 위해 저희 둘 사이에 좋은 관계를 쌓아가는 것이 매우 중요하므로 항상 성실하며 솔직한 커뮤니케이션을 하도록 노력합시다. 그리고 코칭 진행 방법에 관해 개선할 사항이 있으면, 서로 언제든 협의하겠습니다.

202 년   월   일

고객_성명: (서명)

　　전화: 이메일:

코치_성명: (서명)

　　전화: 이메일:

4-2. 코칭 실행 계획서

목표

실행 계획(기간: 202   년   월   일 ~ 202   년   월   일

1.

2.

3.

4.

5.

실천 사항

1.

2.

3.

4.

5.

과정 피드백(실천 과정에서 알고 느낀 점)

1.

2.

3.

4.

5.

실천 강화를 위한 자기 격려

1.

2.

3.

4.

5..

4-3. 코칭 성과 평가서

코칭 초기에 설정한 목표 중 가장 만족스럽게 실행된 목표는?
성취 정도를 숫자(1~10)로 나타내 보세요.(점) 성취에 대한 만족도를 숫자(1~10)로 나타내 보세요.(점) 성취 내용을 구체적으로 정리해 보세요. 1. 생각 변화 측면: 2. 행동 변화 측면: 3. 느낀 점:
코칭 진행 중에 새롭게 얻은 성과나 새로 알게 된 것은?
1. 생각 변화 측면: 2. 행동 변화 측면: 3. 느낀 점:
위의 코칭 성과 평가를 보고 자신의 변화된 모습을 문장으로 표현해 보세요.
1. 2. 3. 4.

5. 코치 윤리 규정

제정 2003.06.01

개정 2011.12.23

개정 2023.06.14

개정 2024.09.13

개정 2024.09.19.

윤리 강령

1. 코치는 개인적인 차원뿐 아니라 공공과 사회의 이익도 고려해야 합니다.

2. 코치는 승승의 원칙에 의거해 개인, 조직, 기관, 단체와 협력합니다.

3. 코치는 지속적인 성장을 위해 학습합니다.

4. 코치는 신의 성실성의 원칙에 의거해 행동합니다.

윤리 규칙

제1장 기본 윤리

제1조(사명)

1. 코치는 한국코치협회의 윤리 규정에 준거해 행동합니다.

2. 코치는 코칭이 고객의 존재, 삶, 성공, 그리고 행복과 연결되어 있음을 인지합니다.

3. 코치는 고객의 잠재력을 극대화하고 최상의 가치를 실현하도록 돕기 위해 부단한 자기성찰과 끊임없이 공부하는 평생 학습자(lifelong learner)가 되어야 합니다.

4. 코치는 자신의 전문 분야와 삶에 있어서 고객의 롤모델이 되어야 합니다.

제 2조(외국 윤리의 준수)

코치는 국제적인 활동을 함에 있어 외국의 코치 윤리 규정도 존중해야 합니다.

제 2장 코칭에 관한 윤리

제 3조(코칭 안내 및 홍보)

1. 코치는 코칭에 대한 전반적인 이해나 지지를 해치는 행위는 일절 하지 않습니다.

2. 코치는 코치와 코치 단체의 명예와 신용을 해치는 행위를 하지 않습니다.

3. 코치는 고객에게 코칭을 통해 얻을 수 있는 성과에 대해서 의도적으로 과장하거나 축소하는 등의 부당한 주장을 하지 않습니다.

4. 코치는 자신의 경력, 실적, 역량, 개발 프로그램 등에 관해 과대하게 홍보하거나 광고하지 않습니다.

제 4조(접근법)

1. 코치는 다양한 코칭 접근법(approach)을 존중합니다. 코치는 다른 사람들의 노력이나 공헌을 존중합니다.

2. 코치는 고객이 자신 이외의 코치 또는 다른 접근 방법(심리 치료, 컨설팅 등)이 더 유효하다고 판단되어질 때 고객과 상의하고 변경을 실시하도록 촉구합니다.

제 5조(코칭 연구)

1. 코치는 전문적 능력에 근거하며 과학적 기준의 범위 내에서 연구를 실시하고 보고합니다.

2. 코치는 연구를 실시할 때 관계자로부터 허가 또는 동의를 얻은 후 모든 불이익으로부터 참가자가 보호되는 형태로 연구를 실시합니다.

3. 코치는 우리나라의 법률에 준거해 연구합니다.

제 3장 직무에 대한 윤리

제 6조(성실 의무)

1. 코치는 고객에게 항상 친절하고 최선을 다하며 성실해야 합니다.

2. 코치는 자신의 능력, 기술, 경험을 정확하게 인식합니다.

3. 코치는 업무에 지장을 주는 개인적인 문제를 인식하도록 노력합니다. 필요할 경우 코칭의 일시 중단 또는 종료가 적절할지 등을 결정하고 고객과 협의합니다.

4. 코치는 고객의 모든 결정을 존중합니다.

제 7조(시작 전 확인)

1. 코치는 최초의 세션 이전에 코칭의 본질, 비밀을 지킬 의무의 범위, 지불 조건 및 그 외의 코칭 계약 조건을 이해하도록 설명합니다.

2. 코치는 고객이 어느 시점에서도 코칭을 종료할 수 있는 권리가 있음을 알립니다.

제 8조(직무)

1. 코치는 고객, 혹은 고객 후보자에게 오해를 부를 우려가 있는 정보 전달이나 충고를 하지 않습니다.

2. 코치는 고객과 부적절한 거래 관계를 가지지 않으며 개인적, 직업적, 금전적인 이익을 위해 의도적으로 이용하지 않습니다.

제 4장 고객에 대한 윤리

제 9조(비밀의 의무)

1. 코치는 법이 요구하는 경우를 제외하고 고객의 정보에 대한 비밀을 지킵니다.

2. 코치는 고객의 이름이나 그 외의 고객 특정 정보를 공개 또는 발표하기 전에 고객

의 동의를 얻습니다.

3. 코치는 보수를 지불하는 사람에게 고객 정보를 전하기 전에 고객의 동의를 얻습니다.

4. 코치는 코칭의 실시에 관한 모든 작업 기록을 정확하게 작성, 보존, 보관합니다. 다만, 고객의 파기 요청이 있을 경우 즉시 파기하고 이를 고객에게 알려야 합니다.

5. 고객의 생명이나 사회의 안전을 심각하게 위협하는 경우가 발생할 우려가 있거나 발생한 경우에 한해 고객의 동의 없이도 고객에 대한 정보를 관련 전문인이나 기관에 알릴 수 있습니다. 이런 경우 코칭 시작 전에 이러한 비밀 보호의 한계를 알려줍니다.

제 10조(이해의 대립)

1. 코치는 자신과 고객의 이해가 대립되지 않게 노력합니다. 만일 이해의 대립이 생기거나 그 우려가 생겼을 경우, 코치는 그것을 고객에게 숨기지 않고 분명히 하며, 고객과 함께 좋은 대처 방법을 찾기 위해 검토합니다.

2. 코치는 코칭 관계를 해치지 않는 범위 내에서 코칭 비용을 서비스, 물품 또는 다른 비금전적인 것으로 상호 교환(barter)할 수 있습니다.

제 11 조(성차별 및 성적 관계)

1. 코치는 고객과의 관계에 있어서 성차별적 표현이나 행동을 해서는 안됩니다.

2. 코치는 코칭을 목적으로 성립된 고객과 코칭이 진행되는 동안 사회적 통념의 윤리와 도덕 및 법률에 저촉되는 성적 관계를 가져서는 안됩니다.

부　칙

제 1조 (시행일)

이 규정은 협회 이사회의 의결을 거친 날부터 시행한다.

제 2조

이 윤리 규정에 언급되지 않은 사항은 한국코치협회 윤리위원회의 내규에 준한다.

윤리 규정에 대한 맹세

나는 전문 코치로서 (사)한국코치협회 윤리 규정을 이해하고 다음의 내용을 준수합니다.

1. 코치는 개인적인 차원뿐 아니라 공공과 사회의 이익을 우선으로 합니다.
2. 코치는 승승의 원칙에 의거해 개인, 조직, 기관, 단체와 협력합니다.
3. 코치는 지속적인 성장을 위해 학습합니다.
4. 코치는 신의 성실성의 원칙에 의거해 행동합니다.

만일 내가 (사)한국코치협회의 윤리 규정을 위반했을 경우, (사)한국코치협회가 나에게 그 행동에 대한 책임을 물을 수 있다는 것에 동의하며, (사)한국코치협회 윤리위원회의 심의를 통해 법적인 조치 또는 (사)한국코치협회의 회원 자격, 인증 코치 자격이 취소될 수 있음을 분명히 인지하고 있습니다.

6. KCA 코칭 역량 모델 해설집

인사말

안녕하십니까.

(사)한국코치협회는 협회 설립 19주년을 맞아 그동안 양적, 질적으로 많은 성장을 해왔습니다. 이러한 성장을 통해 코칭 문화 정착과 확산에 기여하여 왔으며, 한국 코칭산업의 표준을 제시하며 대표적인 국내 코칭인증기관으로 자리 매김해 왔습니다.

한국코치협회는 지속적인 성장과 코칭 문화 확산을 위하여 '코칭으로 국민행복지수를 높인다'라는 미션과 '글로벌 인증기관으로 도약' 한다는 비전을 이루기 위하여 4대 전략을 수립하였습니다. 한국코치협회의 비전 달성과 국내 최고의 코칭인증기관으로서의 정체성 확립을 위해 독자적인 표준 인증기준 제정의 필요성과 한국코치협회 코칭 역량 개발의 필요성이 대두되었습니다. 이러한 필요성에 의해 2021년 하반기 KCA 코칭역량을 제정하게 되었으며, 코치들이 제정된 8가지 역량으로 코칭 활동에 적용이 용이하도록 올해 코칭 역량 모델을 포함한 코칭 역량 해설집을 발간하게 된 것에 대하여 회원 여러분과 함께 기쁨을 나누고 싶습니다.

2017년부터 인증위원회를 주축으로 코칭 역량에 관한 연구를 본격화하여 다양한 문헌의 조사와 수차례의 회의를 거듭하면서 현장 전문가들의 의견을 수렴하였고, 설문조사를 통하여 다양한 의견을 반영하는 등 꾸준한 노력으로 KCA 코칭 역량을 정리하였습니다. 또한 이를 바탕으로 하여 1기 TF와 2기 TF 활동으로 코칭 역량 모델 제정과 전문가의 작업 및 회원들의 설문조사 결과를 통해 역량 모델 디자인을 확정하여 KCA 코칭역량 모델을 만들게 되었습니다. 해설집이 나오기까지 그동안 많은 헌신과 노력을 아끼지 않은 1기와 2기 TF위원들과 이사회 임원님들께 깊은 감사를 드립니다.

　KCA 코칭 역량은 한국인의 문화와 정서를 반영하여 '코치다움'과 '코칭다움'을 기반으로 8가지 역량으로 정립하였습니다. '코치다움'은 개인의 삶과 코칭 현장에서 코칭 윤리를 실천하여 자기인식과 자기관리를 바탕으로 전문 계발을 할 때 드러나고, '코칭다움'은 코칭 현장에서 고객과 관계를 구축하고 적극 경청과 의식 확장을 통해 고객의 성장을 지원할 때 성과를 이루는 원동력으로 작용합니다.

　금번에 발간되는 코칭 역량 해설집은 전문코치들이 새로운 역량체계에 대한 이해를 높이고, 코칭 활동에 도움이 되고자 만들었습니다. 코칭 역량 해설집은 협회에서 시행되고 있는 코치인증시험과 ACPK 프로그램 개발, 필기시험 대비에 유용한 자료로 활용하면 됩니다.

　새롭게 제정된 KCA 코칭 역량과 해설집을 통해 코치들의 코칭 역량과 코칭 품질을 높여 내년 한국코치협회 창립 20주년을 맞아 코칭 산업의 성장과 K-코칭 문화 확산에 크게 기여할 것으로 기대합니다. 감사합니다.

2022년 6월

(사)한국코치협회 회장 김영헌

Ⅰ. 개요

1. 추진 배경

(사)한국코치협회는 2003년 설립 이후 한국의 대표적인 코칭 기관으로서 코칭의 확산과 정착에 기여해왔다. 2021년 자격 인증 코치 일만 명을 배출함으로써 코칭의 대중화를 위한 기틀을 마련하였으며 나아가 대한민국을 넘어 세계로 K-Coaching의 영역을 확장하기 위하여 코칭 역량 개발을 추진하였다.

2017년 인증위원회 산하에 코칭 실무자와 역량 전문가로 구성된 역량 TF를 발족하여 코칭 역량에 관한 연구를 시작했다. 다양한 문헌 조사와 설문 조사, 그리고 현장 전문가들의 의견을 수렴하여 2021년 KCA 코칭 역량을 제정하였다. 이를 기반으로 '글로벌 인증 기관으로 도약'하기 위한 협회의 비전을 달성하는 출발점으로 삼고자 한다.

KCA 코칭 역량은 한국인의 문화와 정서를 반영하여 코치다움과 코칭다움을 기반으로 8가지 역량으로 정립하였다. 새롭게 제정된 코칭 역량을 통해 코치들의 코칭 서비스 품질을 높이고 유사 영역과의 차별성과 코칭의 고유한 전문성을 확보하여 코치의 직업적 위상을 높이는 데 크게 기여할 것으로 기대한다.

2. 추진 경과

√ 2017. 1. 23: (사)한국코치협회 정기 총회에서 코칭 역량 제정 사업계획 보고 및 승인

√ 2017. 10. 16: 코칭 역량 제정 추진팀 구성

√ 2018. 9. 7: 코칭 역량 결과보고 및 전문가 간담회

√ 2018. 10. 31: KCA 코칭 역량 표준 모델(안) 발표(제15회 대한민국 코치대회)

√ 2019. 6. 3: KCA 코칭 역량 제정 TF 1기 발족

√ 2020. 6. 13: KCA 코칭 역량 제정 TF 1기 완료

√ 2020. 8. 10: KCA 코칭 역량 제정 TF 2기 발족

√ 2021. 5. 7: KCA 코칭 역량 신뢰도와 타당도 통계 분석

√ 2021. 7. 15: KCA 코칭 역량(안) 이사회 보고 및 승인

√ 2021. 8. 12: KCA 자격 인증기관 및 코칭펌 대상 KCA 코칭 역량 설명회

√ 2021. 9. 1: (사)한국코치협회 회원 대상 KCA 코칭 역량 설명회

√ 2021. 10. 16: (사)한국코치협회 홈페이지에 KCA 코칭 역량 공지

3. KCA 코칭 역량 모델

· 형상: 마차(Coach)의 수레바퀴(Wheel) 상징

· 색상: 코치다움은 나무의 뿌리 상징

·   코칭다움은 나무의 잎 상징

4. KCA 코칭 역량 체계

1) KCA 코칭 역량군

코치다움: 코치로서 개인의 삶과 코칭 현장에서 코칭 윤리를 실천하며, 자기 인식과 자기 관리를 바탕으로 전문 계발을 해 나가는 것

코칭다움: 코칭 현장에서 고객과 관계를 구축하고, 적극 경청과 의식 확장을 통해 고객의 성장을 지원하는 것

2) KCA 코칭 역량

(1) 윤리 실천

① 정의: (사)한국코치협회에서 규정한 기본 윤리, 코칭에 대한 윤리, 직무에 대한 윤리, 고객에 대한 윤리를 준수하고 실천한다.

② 핵심 요소

- 기본 윤리
- 코칭에 대한 윤리
- 직무에 대한 윤리
- 고객에 대한 윤리

③ 행동 지표

- 코치는 기본 윤리를 준수하고 실천한다.
- 코치는 코칭에 대한 윤리를 준수하고 실천한다.
- 코치는 직무에 대한 윤리를 준수하고 실천한다.
- 코치는 고객에 대한 윤리를 준수하고 실천한다.

(2) 자기 인식

① 정의: 현재 상황에 대한 민감성을 유지하고 직관 및 성찰과 자기 평가를 통해 코치 자신의 존재감을 인식한다.

② 핵심 요소

- 상황 민감성 유지
- 직관과 성찰
- 자기 평가

- 존재감 인식

③ 행동 지표

- 지금 여기의 생각, 감정, 욕구에 집중한다.

- 생각, 감정, 욕구가 발생하는 배경과 이유를 감각적으로 알아차린다.

- 직관과 성찰을 통해 자신의 생각, 감정, 욕구가 미치는 영향을 인식한다

- 자신의 특성, 강약점, 가정과 전제, 관점을 평가하고 수용한다.

- 자신의 존재를 인식하고 신뢰한다.

(3) 자기 관리

① 정의: 신체적, 정신적, 정서적 안정 및 개방적, 긍정적, 중립적 태도를 유지하며 언행
   을 일치시킨다.

② 핵심 요소

- 신체적, 정신적, 정서적 안정

- 개방적, 긍정적, 중립적 태도

- 언행 일치

③ 행동 지표

- 코치는 코칭을 시작하기 전에 신체적, 정신적, 정서적 안정을 유지한다.

- 코치는 다양한 코칭 상황에서 침착하게 대처한다.

- 코치는 솔직하고 개방적인 태도를 유지한다.

- 코치는 긍정적인 태도를 유지한다.

- 코치는 고객의 기준과 패턴에 관한 판단을 유보하고 중립적인 태도를 유지한다.

- 코치는 말과 행동을 일치시킨다.

(4) 전문 계발

① 정의: 코칭 합의와 과정 관리 및 성과 관리를 하고 코칭에 필요한 관련 지식, 기술,

태도 등의 전문 역량을 계발한다.

② 핵심 요소

- 코칭 합의

- 과정 관리

- 성과 관리

- 전문 역량 계발

③ 행동 지표

- 고객에게 코칭을 제안하고 협의한다.

- 고객과 코칭 계약을 하고, 코칭 동의와 코칭 목표를 합의한다.

- 코칭 과정 전체를 관리하고 이해관계자를 포함한 고객과 소통한다.

- 고객과 합의한 코칭 주제와 목표에 대한 성과를 관리한다.

- 코칭에 필요한 관련 지식, 기술, 태도 등의 전문 역량을 계발한다.

(5) 관계 구축

① 정의: 고객과의 수평적 파트너십을 기반으로 신뢰감과 안전감을 형성하며 고객의
   존재를 인정하고 진솔함과 호기심을 유지한다.

② 핵심 요소

- 수평적 파트너십

- 신뢰감과 안전감

- 존재 인정

- 진솔함

- 호기심

③ 행동 지표

- 코치는 고객을 수평적인 관계로 인정하며 대한다.

- 고객과 라포를 형성하여 안전한 코칭 환경을 유지한다.

- 고객에게 긍정 반응, 인정, 칭찬, 지지, 격려 등의 언어를 사용한다.

- 고객의 특성, 정체성, 스타일, 언어와 행동 패턴을 알아주고 코칭에 적용한다.

- 코치는 고객에게 자신의 생각, 느낌, 감정, 알지 못함, 취약성 등을 솔직하게 드러낸다.

- 코치는 고객의 주제와 존재에 대해서 관심과 호기심을 유지한다.

(6) 적극 경청

① 정의: 고객이 말한 것과 말하지 않은 것을 맥락적으로 이해하고 반영 및 공감하며, 고객 스스로 자신의 생각, 감정, 욕구, 의도를 표현하도록 돕는다.

② 핵심 요소

- 맥락적 이해

- 반영

- 공감

- 고객의 표현 지원

③ 행동 지표

- 고객이 말한 것과 말하지 않은 것을 맥락적으로 헤아려 듣고 표현한다.

- 눈 맞추기, 고개 끄덕이기, 동작 따라하기, 어조 높낮이와 속도 맞추기, 추임새 등을 하면서 경청한다.

- 고객의 말을 재진술, 요약하거나 직면하도록 돕는다.

- 고객의 생각이나 감정을 이해하며, 이해한 것을 고객에게 표현한다.

- 고객의 의도나 욕구를 이해하며, 이해한 것을 고객에게 표현한다.

- 고객이 자신의 생각, 감정, 의도, 욕구를 표현하도록 돕는다.

(7) 의식 확장

① 정의: 질문, 기법 및 도구를 활용하여 고객의 의미 확장과 구체화, 통찰, 관점 전환과 재구성, 가능성 확대를 돕는다.

② 핵심 요소

 – 질문

- 기법과 도구 활용

- 의미 확장과 구체화

- 통찰

- 관점 전환과 재구성

- 가능성 확대

③ 행동 지표

- 긍정적, 중립적 언어로 개방적 질문을 한다.

- 고객의 상황과 특성에 따라 침묵, 은유, 비유 등 다양한 기법과 도구를 활용한다.

- 고객의 말에서 의미를 확장하도록 돕는다.

- 고객의 말을 구체화하거나 명료화하도록 돕는다.

- 고객이 알아차림이나 통찰을 하도록 돕는다.

- 고객이 관점을 전환하거나 재구성하도록 돕는다.

- 고객의 상황, 경험, 사고, 가치, 욕구, 신념, 정체성 등의 탐색을 통해 가능성 확대를 돕는다.

(8) 성장 지원

① 정의: 고객의 학습과 통찰을 정체성과 통합하고, 자율성과 책임을 고취한다. 고객의 행동 전환을 지원하고, 실행 결과를 피드백하며 변화와 성장을 축하한다.

② 핵심 요소

- 정체성과의 통합 지원

- 자율성과 책임 고취

- 행동 전환 지원

- 피드백

- 변화와 성장 축하

③ 행동 지표

- 고객의 학습과 통찰을 자신의 가치관 및 정체성과 통합하도록 지원한다.

- 고객이 행동 설계 및 실행을 자율적이고 주도적으로 하도록 고취한다.

- 고객이 실행 계획을 실천할 수 있는 후원 환경을 만들도록 지원한다.

- 고객이 행동 전환을 지속하도록 지지하고 격려한다.

- 고객이 실행한 결과를 성찰하도록 돕고, 차기 실행에 반영하도록 지원한다.

- 고객의 변화와 성장을 축하한다.

Ⅱ. KCA 코칭 역량 해설

1. 윤리 실천

1) 정의

(사)한국코치협회에서 규정한 기본 윤리, 코칭에 대한 윤리, 직무에 대한 윤리, 고객에 대한 윤리를 준수하고 실천한다.

2) 핵심 요소 및 행동 지표 설명

(1) 기본 윤리

- 코치는 기본 윤리를 준수하고 실천한다.

(사)한국코치협회 소속 코치는 고객의 잠재력을 극대화하고 최상의 가치를 실현하도록 돕기 위해 부단한 자기 성찰과 끊임없이 공부하는 평생 학습자가 되어야 하며, 자신의 전문 분야와 삶에서 고객의 롤모델이 되어야 한다. 국제적으로 코칭 활동을 할 때는 해당 국가의 코치 윤리규정도 존중하며 코칭에 임한다.

(2) 코칭에 대한 윤리

- 코치는 코칭에 대한 윤리를 준수하고 실천한다.

코치는 코칭할 때 고객을 충분히 이해하고 수용하고 지지하는 태도를 보여야 하며, 코치와 (사)한국코치협회의 명예와 신용을 해치는 행위를 하지 않아야 한다. 코치는 고객에게 코칭을 안내하거나 홍보할 때, 코칭을 통해 얻을 수 있는 성과를 의도적으로 과장하거나 축소하는 등의 부당하거나 근거가 없는 주장을 하지 않아야 하며, 자신의 경력, 실적, 역량, 개발 프로그램, 저술 및 활동 내용 등에 관하여 과대하게 선전하거나 광고하지 않아야 한다.

코치는 고객이 자신 이외의 코치 또는 다른 접근 방법(심리치료, 컨설팅 등)이 더 유효하다고 판단될 때 고객과 상의하고 변경을 하도록 촉구하며, 코칭에 도움이 되는 다양한 접근법을 존중하고 수용하며, 이에 기여한 다른 사람들의 노력이나 공헌을 존중하고 인정한다.

코치로서 코칭에 관한 연구 활동을 할 때 코치는 전문적인 근거와 과학적인 기준 그리고 개인 정보 보호법 등 관련 법률에 준거하여 연구하고 보고서나 논문을 작성해야 한다. 또 연구를 할 때 고객과 관련자에게 허가나 동의를 얻어서 참가자가 불이익을 받지 않도록 해야 한다.

(3) 직무에 대한 윤리

- 코치는 직무에 대한 윤리를 준수하고 실천한다.

코치는 어떤 상황에서도 친절하고 성실하게 최선을 다해 고객을 대해야 하며, 자신의 능력, 기술, 경험을 정확하게 인식하여 자신이 다룰 수 있는 범위 내에서 코칭을 구사하고 적용한다.

코치는 코칭 진행에 지장을 주는 개인적인 문제를 인식하도록 노력하고, 그것이 코칭에 영향을 미친다고 판단할 경우 코칭의 일시 중단이나 종료하는 것이 적절한지 등을 결정하고 고객과 협의한다. 또 코치는 코칭 중에 고객이 내리는 모든 결정을 존중한다.

코치는 코칭 시작하기, 즉 최초의 세션 이전에 코칭의 본질, 비밀을 지킬 의무의 범위, 지급 조건 및 그 외의 코칭 계약 조건을 고객이 충분히 이해하도록 설명한 다음 계약을 체결하며, 코칭 중 어느 시점에서도 고객이 자유롭게 코칭을 종료할 권리가 있음을 알린다.

코치는 고객이나 고객이 될 가능성이 있는 사람에게 코치와 코칭에 대해 오해를 부를 우려가 있는 정보를 전달하거나 개인적인 충고를 하지 않아야 하며, 고객과의 이해관계나 성적 관계를 포함한 어떠한 부적절한 거래 관계도 하지 않으며, 개인적, 직업적, 금전적인 이익을 위해 의도적으로 고객을 이용하지 않는다.

코치는 고객이 고객 자신이나 타인에게 위험을 미칠 의사를 분명히 밝혔을 경우 관련 법이 정한대로 조치하며, (사)한국코치협회 윤리위원회에 전달하고 필요한 절차를 밟는다.

(4) 고객에 대한 윤리

- 코치는 고객에 대한 윤리를 준수하고 실천한다.

코치는 법이 요구하는 경우를 제외하고 고객의 정보에 대한 비밀을 지키며, 고객의 이름이나 그 외의 고객 특정 정보를 공개하거나 발표하려면 미리 고객의 동의를 얻어야 하며, 보수를 지급하는 사람, 이를테면 기업의 코칭 담당자나 대표자가 고객 정보를 원할 때 반드시 고객의 동의를 얻어야 한다. 만일 고객이 동의하지 않으면 관련 법에 따라 비밀을 준수한다.

코치는 코칭 실시에 관한 모든 작업 기록을 정확하게 작성, 보존, 보관, 파기한다. 보존 시 고객 정보가 유출되지 않도록 유의하며, 고객과 약속을 한 경우 그 기간이 지나면 자료를 파기한다.

코치는 자신과 고객의 이해가 대립하지 않도록 노력하여야 한다. 만일 이해가 대립하거나 발생할 우려가 있을 때, 코치는 그것을 고객에게 숨기지 않고 분명하게 전달하고 고객과 함께 좋은 대처 방법을 검토하고 해결방안을 찾는다.

코치는 코칭 관계를 해치지 않는 범위 내에서 코칭 비용을 금전이 아닌 서비스, 물품 또는 다른 금전적인 것으로 상호 교환할 수 있다.

2. 자기 인식

1) 정의

현재 상황에 대한 민감성을 유지하고 직관 및 성찰, 자기 평가를 통해 코치 자신의 존재감을 인식한다

2) 핵심 요소 및 행동 지표 설명

(1) 상황 민감성 유지

- 지금 여기의 생각, 감정, 욕구에 집중한다.

코치는 자신의 말과 행동에 영향을 미치는 내적 상태, 즉 생각, 감정, 욕구를 살펴서 알아차린다. 코치는 기본적으로 고객의 생각, 감정, 욕구에 관심을 두고 공감하지만, 코치 자신의 내적 상태가 자신도 모르게 코칭에 영향을 줄 수 있으므로 코칭 과정 내내 주의를 기울여야 한다.

생각, 감정, 욕구는 상호 연결되어 있으며 일반적으로 욕구에 의해 감정이 생기며 감정이 생각으로 구체화한다. 또는 생각이 감정을 자극하고 감정이 욕구를 유발하기도 한다. 코치는 이와 같은 내적 상태의 상호 연관성을 이해하고 지금 여기에서 일어나는 생각, 감정, 욕구에 대해 민감성을 지닌다.

- 생각, 감정, 욕구가 발생하는 배경과 이유를 감각적으로 알아차린다.

코치는 자신의 말과 행동에 영향을 미치는 생각, 감정, 욕구가 어떤 맥락에서 발생하였으며 심리적 요인이 무엇인지 감각적으로 알아차린다. 감각적이라는 것은 그 배경과 이유에 대한 이성적인 판단 이전에 느낌으로 알아차릴 수 있음을 의미하는데, 코치의 생각, 감정, 욕구가 특정 상황에서 반복해서 발생하는 심리적 패턴일 수 있으므로

경험했던 기억을 살려 신체적 느낌으로 알아차릴 수 있어야 한다.

이러한 내적 상태는 고객의 말과 행동에 대한 코치의 반응으로 심리적 방어기제가 작동한 것일 수 있으므로 코치는 평소에 자신의 방어기제에 관한 탐구가 필요하다. 방어기제는 고객에 대한 코치의 판단에서 비롯되므로 코치는 늘 판단 보류 상태에서 고객을 대해야 하며 자신의 심리적 반응을 인식해야 한다.

(2) 직관과 성찰
- 직관과 성찰을 통해 자신의 생각, 감정, 욕구가 미치는 영향을 인식한다

코치는 자신의 생각, 감정, 욕구가 코칭의 내용과 흐름 그리고 고객에게 어떤 영향을 미치는지 직관과 성찰을 통해 알아차린다. 직관은 판단이나 추리 등의 사유 작용을 거치지 않고 대상을 직접 파악하는 작용을 말하는데 코치 자신에 대한 지속적인 모니터링을 통해 가능해진다. 코치는 자신의 내적 상태가 코칭에 영향을 미친다고 직관적으로 알게 되면 즉시 성찰하여 그 내용을 인식해야 한다.

코치의 내적 상태가 코칭 과정에 미치는 영향은 적지 않으므로 코치는 항상 코칭 상황을 지켜보는 자신의 메타인지를 활용할 수 있어야 한다.

(3) 자기 평가
- 자신의 특성, 강약점, 가정과 전제, 관점을 평가하고 수용한다.

코치는 자신의 말과 행동 그리고 생각, 감정, 욕구에 영향을 미치는 자신의 특성, 강약점, 가정과 전제, 관점에 대해 고객과 코칭 상황에 비추어 그 적절성을 평가하고 결과를 수용한다. 이는 코치 고유의 특성과 강약점, 가정과 전제, 관점에 대한 절대적인 평가가 아닌 개별 코칭 현장에 필요한 적합성 평가와 수용을 의미한다

특성이란 성격적 특성과 행동 특성을 의미하며, 강약점 역시 성격적 측면과 행동적 측면의 강점과 약점을 의미한다. 가정과 전제, 관점은 코치의 선입견으로 작용하거나 고객의 생각을 유도할 수 있으므로 수시로 점검해야 한다.

(4) 존재감 인식

– 자신의 존재를 인식하고 신뢰한다

코치는 자신의 상태에 대한 전반적인 인식과 지금 여기 코치로서 존재한다는 인식을 확실히 하고 그 존재 방식을 신뢰한다. 코칭에 임하는 코치의 존재 방식은 코치의 말과 행동 그리고 생각, 감정, 욕구의 내용과 작동 방식에 따라 드러나므로 이에 대한 성찰과 신뢰는 코치 자신에 대한 본질적인 신뢰로 이어진다.

코치로서의 존재감에 대한 자기 인식과 자기 신뢰가 미약하면 고객을 신뢰하지 못하게 되고 결과적으로 고객에게 신뢰받지 못하게 된다. 자기 신뢰가 바탕이 되어야 코치는 고객을 위해 자신의 말과 행동을 유연하게 최적화할 수 있다.

3. 자기 관리
1) 정의

신체적, 정신적, 정서적 안정 및 개방적, 긍정적, 중립적 태도를 유지하며 언행을 일치시킨다.

2) 핵심 요소 및 행동 지표 설명
(1) 신체적, 정신적, 정서적 안정

– 코치는 코칭을 시작하기 전에 신체적, 정신적, 정서적 안정을 유지한다.

'자신의 전문 분야와 삶에 있어서 고객의 롤모델이 되어야' 하는 코치는 자신의 신체적, 정신적, 정서적 최적 상태를 알고, 그에 대한 기본 원칙과 행동지침을 실천하며, 정기적으로 자신의 상태를 점검하고 관리한다. 자신의 개인 상황이나 문제에서 벗어나 고객과의 코칭 대화에 전념하도록 안정적 상태를 유지한다. 코칭 세션을 시작하기 전에 준비 절차에 따라 자신의 상태와 환경을 점검하고, 압박이나 장애를 처리한 다음에 코칭 세션을 시작한다.

- 코치는 다양한 코칭 상황에서 침착하게 대처한다.

  코치는 용기와 겸손함으로 위험을 감수할 수 있고, 고객의 저항과 거절에 유연하게 대응한다. 까다롭고 위태로운 상황이 벌어질 수 있음을 예측하고 대안을 마련하여 대처한다. 정기적으로 멘토 코칭을 받으며 성찰, 학습 및 성장 계획을 세우고 실천한다.

(2) 개방적, 긍정적, 중립적 태도
- 코치는 솔직하고 개방적인 태도를 유지한다.

  코치는 진심이 아닌 의례적인 표현이나 일방적으로 반응하지 않고, 자신이 발견한 진실과 직관을 알아차리고, 감정, 상충하는 욕구와 생각에 대하여 자신에게 솔직해야 한다. 비판이나 실패를 두려워하지 않으며, 솔직하고 비판 없이 자기를 평가한다. 열린 마음으로 다양한 관점, 새로운 인식, 가능성, 다른 방식과 행동지침을 탐색한다.

- 코치는 긍정적인 태도를 유지한다.

  불확실한 상황이나 어려운 상황에서도 낙관적이고 희망적인 미래에 집중하며, 진전과 향상을 이루는 방향으로 전환한다. 실패를 하나의 과정이나 상황으로 받아들이고 전체 시스템에서 가능성을 넓히고 창조성을 촉진하도록 도전하며, 부정적 생각이나 행위 안에 숨겨진 긍정적 의도를 밝히는 데 초점을 맞춘다

- 코치는 고객의 기준과 패턴에 관한 판단을 유보하고 중립적인 태도를 유지한다.

  코치는 자신과 내면 대화 및 개인적인 판단에서 벗어나 자신의 인식을 전환하여 온전히 고객과 함께하며 코칭 대화에 집중한다.

(3) 언행일치
- 코치는 말과 행동을 일치시킨다.

  코치는 자신의 의도와 말을 정렬하여 모호하게 말하지 않으며, 언어와 비언어적 표

현을 자연스럽게 통합한다. 중요한 메시지를 명료하고 구체적으로 정리하여, 듣는 사람과 상황에 맞추어 전달한다. 코치는 말한 것이 행동으로 반영되어 현실로 나타나도록 하고, 자신이 하기로 한 것은 지키며 스스로 책임을 다한다.

자신의 말과 행동의 불일치를 경계하고 성찰하며 개선한다. 외부 관찰자나 멘토 코치에게 주도적으로 피드백을 요청하고, 그 내용을 반영하여 평생학습자로서 끊임없는 학습과 성장을 실천한다.

4. 전문 계발

1) 정의

코칭 합의와 과정 관리 및 성과 관리를 하고 코칭에 필요한 관련 지식, 기술, 태도 등의 전문 역량을 계발한다.

2) 핵심 요소 및 행동 지표 설명

(1) 코칭 합의

- 고객에게 코칭을 제안하고 협의한다.

고객에게 코칭을 소개하고 코칭을 받아보도록 권유하는 활동을 제안이라고 한다. 제안은 구두나 문서로 할 수 있다. 고객의 이슈, 요구사항, 현황 등을 파악한 다음 어떻게 제안할지 구상하는 것이 바람직하다. 제안에는 제안 배경, 코칭 주제와 범위, 코칭 규모, 코칭 기간, 코칭 전개 프로세스, 기대효과, 차별화된 코칭 특장점, 코칭 비용, 코치 소개, 기타 잠재 고객의 상황에 따른 내용으로 구성한다. 고객에게 제안한 뒤, 제안 내용을 중심으로 코칭 주제와 범위, 코칭 기간, 코칭 방법, 코칭 규모, 코칭 비용, 기타 코칭에 필요한 조건 등을 협의하고 설명한다.

- 고객과 코칭 계약을 하고, 코칭 동의 및 코칭 목표를 합의한다.

고객 또는 고객사와 협의를 거쳐 계약을 체결할 때 고객이 계약서를 제시하거나 코치가 계약서를 제시하는 방법 중에서 선택할 수 있다. 이때 코치가 계약서를 제시하는 경우 (사)한국코치협회의 표준계약서를 활용할 수 있다. 계약을 하면 계약자와 의사결정자, 고객 등 이해관계자와 사전에 회합하고, 코칭에 대한 공감대를 형성하는 것이 바람직하다. 코칭 과정에서 고객의 참여도를 높이고 코칭 성과를 높이기 위하여 코칭을 시작하기 전에 고객과 코칭 동의서를 작성하는 것이 무엇보다 중요하다. 코칭 동의서를 작성하면서, 코칭을 마무리했을 때 코칭 성과를 평가하는 기준이 되는 코칭 목표를 코치와 고객이 함께 협의 및 합의하는 과정을 밟는다.

(2) 과정 관리

- 코칭 과정 전체를 관리하고 이해관계자를 포함한 고객과 소통한다.

고객은 실제로 코칭받는 고객과 주변의 이해관계자로 구분할 수 있다. 계약자, 의사결정자, 후원자를 통칭하여 이해관계자라고 한다. 코칭을 일회기가 아닌 다회기로 진행하는 경우, 코치는 코칭을 진행하는 동안 코칭 보고서를 작성하여 고객 및 이해관계자와 공유하는 것이 바람직하다. 이때 코치는 고객에게 코칭 보고서를 이해관계자와 공유하게 됨을 미리 알리고 동의를 구해야 한다.

이는 비밀유지 규정과 연결되기 때문이다.

(3) 성과 관리

- 고객과 합의한 코칭 주제 및 목표에 대한 성과를 관리한다.

코치는 고객과 합의한 코칭 목표를 기준으로 코칭을 진행하고 코칭을 마무리하면 코칭 성과를 평가하고 코칭 성과 보고서를 작성한다. 될 수 있으면 코칭 성과 보고회를 통해 고객 및 이해관계자와 함께 코칭 성과를 공유하는 것이 바람직하다. 코칭 성과 보고회에서 사후 지원 여부와 지원 사항을 협의하는 것이 바람직하다.

(4) 전문 역량 계발

- 코칭에 필요한 관련 지식, 기술, 태도 등의 전문 역량을 계발한다.

코칭에 필요한 전문 역량에 적용되는 다양한 이론과 개념, 그리고 기법 등이 있다. 또 다양한 종류의 코칭이 있다. 이를 체계적으로 잘 습득하여 전문 역량을 계발하는 것이 필요하다.

5. 관계 구축
1) 정의
고객과의 수평적 파트너십을 기반으로 신뢰감과 안전감을 형성하며 고객의 존재를 인정하고 진솔함과 호기심을 유지한다.

2) 핵심 요소 및 행동 지표 설명
(1) 수평적 파트너십
- 코치는 고객을 수평적인 관계로 인정하며 대한다.

코치는 고객을 상하관계가 아닌 수평적 존재로 인정하며 대하는 것으로, 상호 이익 증대를 목적으로 상하관계가 아닌 동반자적인 계약 관계를 말한다. 코치는 코칭 세션 중 일방적이고 지시적인 태도가 아닌 고객을 수평적인 관계로써 존재를 인정하며, 중요한 결정 시 고객이 선택하고 결정하도록 요청한다. 지시나 명령, 단정 언어, 컨설팅이나 가르치려는 태도, 충고나 훈계하는 언어 사용을 지양한다.

(2) 신뢰감과 안전감
- 고객과 라포를 형성하여 안전한 코칭 환경을 유지한다.

코치가 고객 중심의 코칭 관계를 만들어 가기 위해서는 신뢰감과 안전감이 바탕을 이루어야 한다. 라포 형성은 코칭 관계의 핵심이며, 코칭의 모든 단계에서 활용되는 것으로 고객과의 관계를 맺고 유지하는 데 기초가 되는 중요한 코칭 기술이다. 코치는 라포를 통해 코칭 세션 중 고객에게 신뢰감과 안전감을 주어 최적의 코칭 환경을 조성하여야 한다. 라포 형성을 위해 공감, 반영, 인정, 칭찬 등의 기법을 사용한다.

- 고객에게 긍정 반응, 인정, 칭찬, 지지, 격려 등의 언어를 사용한다.

코치는 고객과의 관계에서 믿는 마음과 편안하며 위험하지 않다는 느낌을 들게 하여야 한다. 이를 위해 코치는 고객에게 긍정 반응, 인정, 칭찬, 지지, 격려, 신뢰 등의 언어를 상황에 맞게 사용하여야 한다. 코치는 고객에게 지지와 공감, 관심을 보여주어야 하며, 코칭 세션 중 고객에게 집중하고 관찰하며 적절한 반응을 유지하여야 한다. 그렇지만 상대와 비교하는 언어, 판단, 비평, 강요, 당연시하는 언어 사용은 지양해야 한다.

(3) 존재 인정
- 고객의 특성, 정체성, 스타일, 언어와 행동 패턴을 알아주고 코칭에 적용한다.

코치는 고객을 있는 그대로 존중하고 진정성 있게 대함으로써 코칭 과정에서 고객의 고유한 재능, 통찰, 노력을 인정하고 존중하여야 한다. 또 코칭 대화 중 고객의 특성, 정체성, 스타일, 언어 패턴을 알아주고 이를 코칭에 적용하여야 한다. 코칭 시 매 순간 춤추듯이 고객과 연결하고 자연스럽고 물 흐르듯 코칭 대화를 한다. 그렇지만 고객과의 코칭 관계에서 코치의 주관적인 판단, 평가, 해석은 지양해야 한다.

(4) 진솔함
- 코치는 고객에게 자신의 생각, 느낌, 감정, 알지 못함, 취약성 등을 솔직하게 드러낸다.

고객과의 관계에서 코치가 자신이 경험하고 느낀 바를 있는 그대로 내보이는 것을 말하는 것으로, 코치는 고객과 신뢰를 구축하기 위해 자신의 생각, 느낌, 감정, 알지 못함을 솔직하게 표현하여야 한다. 진솔함은 어떠한 비평과 해석을 개입하지 않는 것으로 코치는 단지 자신이 보는 그대로 말하는 것이다. 진정한 코칭 관계는 기분을 맞추어주는 것이 아니라 진솔한 태도를 바탕으로 이루어진다. 코치가 진실을 말하는 용기가 있을 때 고객도 올바르게 대처하는 기술을 익힌다. 코치는 고객이 이해할 수 있는 언어와 적절한 은유를 사용하여 설명해야 한다. 전문적인 용어 사용은 최소화하고 실제적이며 고객에게 맞는 언어를 사용할 때 고객은 코칭 대화 내용을 잘 이해할 수 있다.

(5) 호기심

- 코치는 고객의 주제와 존재에 대해서 관심과 호기심을 유지한다.

코칭에서 호기심은 코치와 고객이 서로 협력하여 꾸밈없이 살펴보고 무엇을 발견할지 관심을 갖고 탐구함으로써 고객의 삶 속 깊은 영역으로 들어가게 한다. 코치는 심문하는 사람이 아니므로 탐구하는 과정은 고객 입장에서 이루어져야 한다. 코치는 코칭 세션 중 고객의 주제와 고객의 존재에 관해서 관심과 호기심을 보여야 한다.

6. 적극 경청

1) 정의

고객이 말한 것과 말하지 않은 것을 맥락적으로 이해하고 반영 및 공감하며, 고객 스스로 자신의 생각, 감정, 욕구, 의도를 표현하도록 돕는다.

2) 핵심 요소 및 행동 지표 설명

(1) 맥락적 이해

- 고객이 말한 것과 말하지 않은 것을 맥락적으로 헤아려 듣고 표현한다.

고객은 '내 마음을 알아주는 코치'를 최고의 코치로 생각한다. 대화로 이루어지는 코칭 과정에서 고객은 마음에 있는 모든 것을 표현하지 못할 수 있다. 그런 상황에서 고객이 미처 표현하지 못한 것까지 코치가 이해하고 알아준다면 코치에 대한 고객의 믿음은 높아질 수밖에 없다.

맥락적으로 이해하기 위해 코치는 자신의 신념이나 가치관을 철저히 배제하고 고객의 이야기에만 집중해야 한다. 특히 코치의 어설픈 추측이나 추론은 맥락적 이해에 큰 걸림돌이 된다.

코치는 고객의 생각과 감정, 의도, 욕구 및 신념 등 고객을 충분히 이해하고 있어야 한다. 그뿐만 아니라 고객이 처한 상황, 과제에 대한 고객의 관점과 입장까지 고려할 수 있어야 한다.

(2) 반영

- 눈 맞추기, 고객 끄덕이기, 동작 따라 하기, 어조 높낮이와 속도 맞추기, 추임새 등을 하면서 경청한다.

코치는 고객의 말에 적절한 반응을 보임으로써 경청하고 있음을 나타낸다. 이러한 행동들은 코치로서 열린 마음으로 고객에게 관심을 보일 때 자연스럽게 나오는 것들이다.

이런 행동을 할 때, 코치는 다음 몇 가지에 주의를 기울여야 한다.

① 눈맞춤을 한다면서 고객을 지나치게 빤히 쳐다보는 것은 바람직하지 않다.
② 고개 끄덕이기와 동작 따라 하기: 적절한 타이밍이 중요하다. 아무 때나 고개를 끄덕이거나 동작을 따라 하는 것은 오히려 고객에게 불쾌감을 준다. 또 동작을 따라 할 때 지나친 표현을 주의해야 한다.
③ 추임새: 지나친 추임새는 고객의 이야기를 방해할 수 있다.

- 고객의 말을 재진술, 요약하거나 직면하도록 돕는다.

재진술과 요약하기에는 두 가지 목적이 있다. 첫째, 코치 자신이 고객의 말을 제대로 이해했는지를 고객에게 확인하기 위함이다. 둘째, 고객 스스로 자신을 돌아보고 생각, 감정, 의도, 욕구 등을 정리할 수 있게 도움을 주기 위함이다.

재진술에는 고객이 말한 것을 그대로 이야기해주는 반복하기, 고객이 말한 것을 유사한 단어로 표현하는 바꾸어 말하기, 그리고 고객이 이야기한 내용을 간략하게 묶고 정리하여 핵심적인 생각과 감정을 전달해주는 요약하기 등이 있다. 코치가 재진술할 때는 되도록 고객이 의식하지 못할 정도로 자연스럽게 하는 것이 좋다. 코치의 재진술이 고객의 말보다 많거나 과장된 단어를 포함하는 것은 바람직하지 못하다.

코치는 고객의 말과 행동에서 합리적이지 못한 점이나 모순을 발견할 때 직면을 사용한다. 구체적으로 고객의 말과 행동이 다르거나, 고객의 말과 생각이 다르거나, 고객의 말과 감정이 다를 때 사용한다. 예를 들면, 높은 자존감을 가진 아이로 성장했으면 하는 마음을 가진 부모가 아이의 사소한 것까지 간섭하면서 잔소리를 하는 경우다. 직면을 사용하는 또 다른 예로, 본인이 생각하는 것과 주변 사람들의 생각이 다를 때이다. 부하직원들에게 변화에 둔감하면서 고집이 세다는 평가를 받는 리더가 본인의 장점이 경청이라고 생각하는 경우다. 이러한 직면을 사용할 때, 코치는 매우 유의해야 한다. 자칫 잘못하면 코치가 고객을 가르치려고 한다는 느낌을 줄 수 있다. 무엇보다 코치에 대한 신뢰가 높지 않은 상황에서의 직면은 코치에 대한 불신으로 이어질 수 있다.

(3) 공감

- 고객의 생각이나 감정을 이해하며, 이해한 것을 고객에게 표현한다.

공감이란 고객의 관점을 통해서 세상을 보는 것이다. 그럼으로써 코치는 고객의 패러다임뿐만 아니라 그들의 생각과 감정도 이해할 수 있게 된다. 코치는 마치 고객의 안경을 쓰고 사물을 바라보는 것과 같이, 고객의 세상을 바라보는 마음의 틀을 이용하여 고객의 생각과 감정을 이해해야 한다.

공감은 단순히 고객의 생각과 감정을 이해하는 데에 그치지 않고 이해한 것을 표현해주는 것까지 포함한다.

공감 과정에서 동정이나 동일시가 되지 않도록 주의해야 한다.

동정은 고객 관점이나 입장에 서지 않으면서 걱정만 하는 것이다. 반면에 고객과의 동일시는 동정과는 반대로, 코치가 고객과 감정적으로 지나치게 얽히면서 그 상황에 빠져버리는 것을 말한다.

- 고객의 의도나 욕구를 이해하며, 이해한 것을 고객에게 표현한다.

코치가 고객의 입장과 관점에서 세상을 바라볼 때, 코치는 겉으로 드러난 고객의 말과 행동을 통해 고객의 마음속에 있는 의도와 욕구를 읽을 수 있다. 코치가 어떠한 선입견이나 편견도 없이 고객의 마음의 들여다보아야 고객의 의도와 욕구를 이해할 수 있다.

공감은 단순히 고객의 의도와 욕구를 이해하는 데에 그치는 것이 아니라 이해한 것을 표현해주는 것까지 포함한다. 코치는 고객의 말과 행동에서 어떤 의도와 욕구를 읽고 이해했는지를 고객에게 전달하면서 필요하다면 왜 그렇게 이해했는지에 관해 설명해야 한다.

(4) 고객의 표현 지원

- 고객이 자신의 생각, 감정, 의도, 욕구를 표현하도록 돕는다.

코치의 다음과 같은 행동은 고객이 자신의 생각, 감정, 의도, 욕구를 표현하도록 돕는다.

첫째, 진심으로 듣는다. 코치가 고객의 이야기를 대충 들으면 안 된다. 고객은 코치가 진심으로 듣는지, 대충 듣는지 직감적으로 알 수 있다. 코치도 고객에게 진심으로 듣고 있음을 표현해야 한다. 고객과 눈 맞추기, 고개 끄덕이기, 동작 따라하기, 어조 높낮이와 속도 맞추기, 추임새 넣기 등을 통해 고객에게 지속해서 신호를 보내야 한다.

둘째, 끝까지 듣는다. 코치는 고객의 말을 중간에 차단하지 않아야 한다. 고객이 어떤 이야기를 하더라도 도중에 끊어서는 안 된다. 코치로서 무엇인가 하고 싶은 말이 있다면 고객의 말이 끝나고 난 다음에 해야 한다.

셋째, 판단하지 않는다. 코치 자신의 내면 기준으로 고객을 판단하지 않는다. 코치가 자신의 가치관이나 신념 등으로 고객을 판단하는 순간, 코치는 고객에게 조언하거나 충고하는 실수를 할 수 있다.

코치가 고객의 말을 판단하지 않으면서 진심으로 끝까지 듣는 것은 쉽지 않다. 다음과 같은 여러요인이 방해하기 때문이다. 고객의 말을 평가하고 조언하려는 마음을 가지는 것, 선입견과 편견을 가지고 고객의 말을 듣는 것, 고객의 말을 들으면서 머릿속으로 자신이 해야 할 말을 생각하는 것, 지나친 동정심을 가지고 고객의 말을 듣는 것, 고객을 피상적으로 이해하는 것, 피로, 졸음, 공상 등으로 인해 고객에 집중하지 못하는 것 등이다.

7. 의식 확장

1) 정의

질문, 기법 및 도구를 활용하여 고객의 의미 확장과 구체화, 통찰, 관점 전환과 재구성, 가능성 확대를 돕는다.

2) 핵심 요소 및 행동 지표 설명

(1) 질문

- 긍정적, 중립적 언어로 개방적 질문을 한다.

코칭의 본질은 자각과 책임을 불러일으키는 것이다. 자각과 책임감을 일깨우는 가장 좋은 수단은 질문이다. 코칭에서는 폐쇄적 질문보다 개방적 질문이 훨씬 효과적이다. 부정적, 판단적 언어는 지양하고 가능한 긍정적, 중립적 언어를 사용한 긍정, 미래, 확대 등의 의미를 담은 개방적 질문을 하는 것이 바람직하다. 개방적 질문은 일반적으로 누가, 언제, 무엇을, 어떻게 등과 같은 의문사로 시작하는 열린 질문이다. '왜'는 종종 비난의 의미를 함축하고 방어적 대답을 끌어내므로 지양하는 것이 좋다. 질문은 코치가 아닌 고객의 관심과 사고를 따라가는 것이 원칙이다. 고객은 그의 관심 영역을 코치가 집중하여 다룬다고 느낄 때 책임감이 더욱 커진다.

(2) 기법과 도구 활용

- 고객의 상황과 특성에 따라 침묵, 은유, 비유 등 다양한 기법과 도구를 활용한다.

코칭 시작 전 코치는 고객에 대한 성격 진단, 리더십 진단, 다면 인터뷰 등 다양한 방법을 통해 고객이 처한 상황과 특성을 어느 정도 파악할 수 있다. 코칭을 진행하면서 고객에 집중하여 관찰하면 고객에 대한 이해가 더 깊어질 수 있다. 고객의 표면에 드러난 이슈에 머물지 않고 내면에 잠재된 이슈까지 끌어내려면 고객의 신념, 가치관, 정체성 등을 확인해야 한다. 고객 상황과 특성에 맞춰 대화 중간에 적절히 침묵을 활용하면 대화의 깊이, 완급 및 강약을 조절할 수 있다. 상징이나 이미지 등을 활용한 은유 기법과 사물, 동식물 등에 비유하는 기법은 고객이 객관적으로 자기를 관찰하고 성찰하는 데 도움을 줄 수 있다.

(3) 의미 확장과 구체화

- 고객의 말에서 의미를 확장하도록 돕는다.

고객의 말은 고객의 의식적, 무의식적 생각이 밖으로 표현된 것이다. 고객이 표현한 말과 함께 목소리, 몸짓 등에 집중하여 관찰하고 맥락에 맞춰 질문하면 고객이 가진 생각의 크기, 수준, 범위 등을 확산할 수 있다. 고객이 현재 말하는 수준이 표면적인 이슈에 머물러 있거나 과제에 대한 수단, 방법 차원에서 벗어나지 못하고 있다면 코치는 그 이면을 탐색할 수 있는 질문을 통해 고객의 생각 수준을 가치 탐색이나 궁극적인 목적 탐색 등으로 확장할 수 있도록 도울 수 있다. 고객의 말을 경청하고 맞춤화된 좋은 질문을 한다면 고객이 미처 알지 못한 잠재적 욕구를 파악할 수 있음은 물론 고객 내면의 가치관과 정체성을 확인하는 데 도움을 줄 수 있다.

- 고객의 말을 구체화하거나 명료화하도록 돕는다.

코치는 고객의 말에서 의미를 확장하도록 돕는 한편, 그 의미를 수렴하여 더 구체화하고 명료화하는 작업도 필요하다. 질문은 기본적으로 광범위하게 시작하여 깔때기처럼 차차 그 범위를 좁혀가는 것이 원칙이다. 코치가 고객에게 더 구체적인 대답을 요구하면 고객의 초점과 관심이 계속 유지된다. 고객이 적극성을 보이게 하려면 중요한 핵심 요소들이 그의 의식에 들어가도록 코치가 더 깊고 구체적으로 파고 들어가는 것이 중요하다.

(4) 통찰

- 고객이 알아차림이나 통찰을 하도록 돕는다.

코칭에서 알아차림은 자신과 자신을 둘러싼 주변 환경에 대한 자각, 인식, 의식 등을 의미한다.

통찰은 거기에 '아하'라는 새로운 깨달음을 더하는 것이다. 코칭을 통해서 고객이 얻을 수 있는 중요한 유익은 알아차림과 통찰이다. 알아차림과 통찰을 통해 고객은 변화와 성장을 위한 발걸음을 뗄 수 있다. 코치는 고객의 알아차림과 통찰을 돕기 위해 기본적으로 질문을 사용하며 고객 상황과 특성에 따라 침묵, 은유, 비유 등의 다양한 기법과 도구 등을 활용한다.

(5) 관점 전환과 재구성

- 고객이 관점을 전환하거나 재구성하도록 돕는다.

관점은 세상을 바라보는 사고의 틀이라고 할 수 있다. 관점 전환은 세상을 바라보는 사고의 틀을 바꾼다는 의미이다. 패러다임 전환, 상자 밖의 생각, 역지사지 등이 관점 전환과 맥락을 같이 한다. 고객이 가진 관점이 고객이 추구하는 삶의 목적과 한 방향으로 정렬되어 있지 않다면 이를 재구성하여 새롭게 설정할 수 있도록 돕는다. 코치는 평소 깊은 사유를 바탕으로 고객을 관찰하고 고객에게 질문을 던져 고객이 관점을 전환하고 사고의 틀을 재구조화하도록 돕는다.

(6) 가능성 확대

- 고객의 상황, 경험, 사고, 가치, 욕구, 신념, 정체성 등의 탐색을 통해 가능성 확대를 돕는다.

코치는 고객과의 코칭 과정 전반에 걸쳐 항상 호기심을 유지하고 고객의 상황, 경험, 사고, 가치, 욕구, 신념, 정체성 등이 고객이 추구하는 삶의 목적과 일치되는지, 한 방향으로 정렬이 잘 되어 있는지 관찰하고 탐색한다. 코칭 중 고객 삶의 목적과 맞지 않거나 도움이 되지 않는 부분이 발견되면 고객 스스로 알아차리거나 통찰할 수 있는 질문을 하여 궁극적으로 고객의 삶이 긍정적인 변화와 성장을 할 수 있게 돕는다. 실행과 목표 달성 가능성을 확대하기 위해서는 고객이 궁극적으로 달성하였을 때의 이미지를 생생하게 상상하게 하고 그를 통해 행동으로 옮길 것을 끌어내는 것이 효과적이다.

8. 성장 지원

1) 정의

고객의 학습과 통찰을 정체성과 통합하고, 자율성과 책임을 고취한다.
고객의 행동 전환을 지원하고, 실행 결과를 피드백하며 변화와 성장을 축하한다.

2) 핵심 요소 및 행동 지표 설명

(1) 정체성과의 통합 지원

- 고객의 학습과 통찰을 자신의 가치관 및 정체성과 통합하도록 지원한다

학습은 배우고 익히는 것이며, 통찰은 그것에서 새로운 발견과 깨달음을 찾는 것이다. 코치는 고객이 코칭을 통하여 얻은 학습과 통찰을 자신의 정체성과 가치관에 통합하게 함으로써 실행력을 강화하고 지속적인 변화와 성장을 이룰 수 있게 지원한다.

(2) 자율성과 책임 고취

- 고객이 행동 설계와 실행을 자율적이고 주도적으로 하도록 고취한다.

코치는 고객이 목표를 수립하고 그 목표를 이루기 위한 실행 방법을 설계하고 실행하는 과정에서 고객 스스로 생각하고 판단하여 결정하도록 고취한다. 이는 고객 스스로 선택하고 선택한 것에 책임을 지도록 지지하고 격려한다는 뜻이다. 인간은 타인의 강압

이 아닌 자신의 자율성에 기반을 둔 내적 동기에 따라 행동할 때 자기 실현 경향성이 훨씬 더 높아진다.

(3) 행동 전환 지원

- 고객이 실행 계획을 실천할 수 있는 후원 환경을 만들도록 지원한다.

　고객이 코칭을 통하여 새로운 학습과 통찰이 일어나더라도 그것이 실천으로 이어지지 않으면 의미가 없다. 학습과 통찰이 실천으로 연결되고 실천을 통한 성과 창출을 경험할 때 고객은 비로소 지속적인 변화와 성장 가능성을 실감할 것이다. 코칭 과정에서 고객의 실행력을 높이기 위해 코치는 고객 스스로 후원환경을 만들도록 지원하는 것이 중요하다. 후원환경을 만든다는 것은 실천과 점검 등 모든 것을 고객 혼자서 하게 하지 않고 관련 이해관계자와 협력 관계를 맺으라는 뜻이다. 실행 과정에서 예상되는 장애는 누구의 도움을 받아 헤쳐갈 것인지, 실행의 가속도를 높이기 위해서는 누구의 지지와 격려가 필요한지 등 코치는 고객 스스로 체계적인 후원환경을 구축하도록 지원하는 것이 바람직하다

- 고객이 행동 전환을 지속하도록 지지하고 격려한다.

　코치는 실천 과정에서 고객의 행동 전환을 가능하게 한 동기와 성공 요소를 활성화하여 행동 변화의 지속성을 유지하도록 지지하고 격려하는 것이 중요하다. 행동 전환이 지속되려면 무엇보다 고객의 내적 동기에 의한 자율적 실천 행동이 이루어져야 한다. 고객이 하는 행동이 궁극적으로 그의 삶의 목적에 어떻게 연결되는지, 얻을 수 있는 가치는 무엇인지, 정말 고객의 삶을 즐겁고 재미있게 하는지 등을 확인하고 지지, 격려해야 한다.

　코치는 고객이 계획한 실행 과제를 성공적으로 수행했을 때는 그 과정에서의 노력과 성과를 인정, 칭찬 등을 통해 지지한다. 만약 실행 계획을 달성하지 못했거나 실패했을 경우에는 실패를 통해 얻은 교훈을 확인하고 다음 시도에서는 성공할 수 있도록 격려

한다.

(4) 피드백

- 고객이 실행한 결과를 성찰하도록 돕고, 차기 실행에 반영하도록 지원한다.

코치는 실행 결과에 대해 고객과 함께 점검하고 실천 과정을 성찰할 수 있도록 도우며, 성찰을 통해 알게 된 긍정적 요소를 강화하고 부정적 요소를 제거하여 다음 실행의 성공 가능성을 높일 수 있도록 지원한다. 고객이 실행하면서 성찰한 것을 차기 실행에 반영하도록 돕기 위해서는 코칭 세션과 세션 간, 그리고 세션 종료 시 고객이 실행한 것을 직접 요약, 정리하게 하고 그 과정에서 알아차린 것을 표현하도록 요청하는 것이 효과적이다. 코치의 피드백은 고객의 긍정적인 변화 성장과 미래 가능성에 초점을 맞추는 것이 중요하다. 고객 자신이 받는 피드백이 고객의 성장과 발전을 바라는 코치의 선한 의도에서 나온 것이라 느낄 때 고객 스스로 긍정적으로 피드백을 수용하고 차기 실행에 적극적으로 적용하게 될 것이다

(5) 변화와 성장 축하

- 고객의 변화와 성장을 축하한다

코치는 실행 과정에서 관찰한 고객의 노력을 격려하고, 성공적인 결과를 함께 기뻐하며, 고객 스스로 주체가 되어 이루어 낸 변화와 성공을 축하한다. 코치는 코칭 전체 과정 동안 고객의 언어, 행동, 가시적인 성과 등은 물론 고객의 의식, 태도, 가치, 신념 등 내재적인 변화와 성장을 함께 알아차리는 것이 중요하다. 코치가 고객의 작은 성취 하나, 행동 변화 하나도 놓치지 않고 감지하고 고객이 새롭게 알아차린 것을 그때 그때 인지하고 축하한다면 코칭 자체가 즐거운 이벤트가 될 것이다. 코치는 마지막 코칭 세션이 끝나면 코칭 전반에 대한 평가를 하고 마무리한다. 고객 스스로 학습하고 실행하고 성찰한 내용을 이해관계자들과 함께 공유하고 그들에게 변화와 성장에 대한 따뜻한 격려와 지지를 받고 상호 축하하는 자리로 마무리하면 더할 나위 없이 좋다.

한국코치협회(KCA) 코칭 역량 해설

발행일 2022년 6월 1일

발행인 김영헌

지은이 KCA 코칭 역량 제정 TF (김영신, 박세환, 배용관, 이한우, 임기용, 정홍천, 차미애, 최동하)

발행처 (사)한국코치협회 서울시 강남구 테헤란로 124 삼원타워 8층

　　　　 TEL: 02) 563-8798 　FAX 02) 563-9182 　www.kcoach.or.kr

7. KCA 인증 절차 및 방법

인증_1_28_v6_240501

-코치인증자격시험 세부사항 KAC 안내-
★ 서류접수 전 [응시서류 작성시 유의사항] 참고하여 작성하여 주시기 바랍니다.
[응시서류 작성시 유의사항] : 협회홈페이지 > 자격시험 > 정보센터 > 자격인증공지사항 > 제목: [KAC/KPC/KSC응시서류 작성시 유의사항]확인

---

1. 코치인증자격시험 종류: KAC
2. 코치인증자격시험 응시분야
  ① ACPK 응시: 협회 기초 20시간 ACPK 프로그램 교육이수 후 응시
      (협회홈페이지 > 프로그램인증 > ACPK 프로그램리스트에서 ACPK 프로그램 확인가능)
  ②포트폴리오 응시: 협회 ACPK 프로그램 외 코치육성 목적 20시간 이상 단일 코칭프로그램 20시간 이수 후 응시
3. 응시자격: KAC 코치인증자격 응시 기준을 충족한 자
4. 코치인증자격 유지조건: (사)한국코치협회 정회원 (코치인증 자격 취득 후 협회 정회원가입 필수, 정회원 회비(20만원) 발생)
5. 코치인증자격 기간: KAC-3년 (각 코치인증자격은 기간 만료 전 자격갱신 필수)
6. 코치인증자격 갱신: 협회홈페이지 > 자격시험 > 자격관리 > 자격갱신안내 참조
7. 기타용시: 협회 대학검증 프로그램 이수 대학생 KAC 응시(협회 홈페이지 >프로그램인증 > 대학검증프로그램 페이지 참조)
8. 온라인 접수로 업로드한 서류에 대한 책임은 응시자에게 있으며, 제출된 서류는 반환되지 않는다. 부적격 사유가 발견된 경우 합격 후 라도 취소될 수 있다.

-코치인증자격시험 응시방법-

1. 시험단계: 서류전형 ---> 필기전형 ---> 실기전형 ---> 최종합격
2. 시험방법 (세부접수방법은 홈페이지 > 자격인증공지사항에서 확인)
※ KAC 경우 응시기관에 따라 협회 응시와 KAC 자격인증기관 응시로 구분된다. KAC 기관응시자는 서류전형 과 실기전형을 KAC 기관에서 심사하므로 반드시 서류 전형 시 응시하는 기관을 확인 후 접수한다. 미확인으로 인한 불이익은 응시자 본인에게 있다.
  1) 서류전형: 서류접수 기간안에 홈페이지 온라인 접수한다. 접수기간 마감 후 취소만 가능하며 응시가 불가하다.
  ★서류접수 전 필수작성: 1) 사진등록 (홈페이지 로그인 > 마이페이지 > 내 정보 관리)
                        2) 교육리스트 작성 (홈페이지 로그인 > 마이페이지 > 인증시험 교육리스트 작성)
                        ※ 응시에 사용한 교육은 인증시험교육리스트에서 수정불가

서류 온라인접수	서류접수 기간(3일) 내에 접수 가능 ▶ 홈페이지 로그인>자격시험> 자격시험 > 시험접수 서류•필기•실기 ▶ 응시서류: 홈페이지 자격시험 > 시험정보센터 > 자료실 다운로드 작성 후 zip 파일로 업로드 ※ 서류접수 시점 최종 업데이트 된 서류를 다운받아 작성한다. ※ 서류수정은 접수기간에 [접수취소] 후 수정하여 재 접수
KAC 기관응시자	① 서류접수 시 응시하는 기관을 반드시 확인 후 **KAC 자격인증기관 선택** ※ 기관을 잘못 선택 시 접수기간 내에는 접수취소 후 재 접수 가능하며 접수기간 만료 후에는 취소만 가능하여 해당 차수 응시 불가 ② KAC 기관응시자는 접수 후 접수기간내 응시료를 기관으로 직접 납부!!!(미납 시 접수취소)
협회 응시	서류접수 시 응시기관 선택에서 협회 선택 후 응시료 결제

  2) 필기전형: 필기접수 기간(3일)내에 온라인 접수 가능(단, 서류 합격일로부터 1년 내 접수하는 자_*2024.2.1 일부터 적용)
          ▶ 홈페이지>자격시험> 자격시험 > 시험접수 서류•필기•실기 > 접수
          ▶ 시험방법: 필기시험 기간(2일)동안 온라인 시험
    ※ KAC 기관응시자는 접수 후 접수기간내 응시료를 기관으로 직접 납부!!!(서류접수 시 선납 시 재 납부 불필요)
  3) 실기전형: 실기접수 기간(3일)내에 온라인 접수 가능(단, 필기 합격일로부터 2년 내 접수하는 자_*2024.2.1 일부터 적용)

> ▶ 홈페이지>자격시험> 자격시험 > 시험접수 서류•필기•실기 >접수
>
> ▶ 시험방법: 전화(텔레) 시험
>
> ※ KAC 기관응시자는 접수 후 접수기간내 응시료를 기관으로 직접 납부!!!(서류접수 시 선납 시 재 납부 불필요)

KAC(Korea Associate Coach) : 코치인증자격 1 단계 / 코칭교육 이수 후 응시 가능

▶ 응시원서, 윤리규정 준수서약서, 교육 준수서약서, 개인정보 수집 및 활용동의서는 온라인 접수 시 확인 후 체크 함

온라인 접수 구분	ACPK 지원	포트폴리오 지원
▶ 온라인 <u>서류접수 전</u> 필수 작성: ① 한국코치협회 홈페이지(www.kcoach.or.kr)회원가입 ② 사진등록 (홈페이지 로그인 > 마이페이지 > 내 정보 관리) ③ 교육리스트 작성 (홈페이지 로그인 > 마이페이지 > 인증시험 교육리스트 작성) ▶ 온라인 서류/필기/실기 접수방법: 각 전형 접수기간에 접수(접수기간 종료 후 접수 불가능)		
교육리스트(온라인작성)	기초 20 시간 이상 프로그램 등록 ※수료증사본 업로드 필수	기초 20 시간 이상 프로그램 등록 ※수료증사본 업로드 필수
서류접수 기간(3 일)	▶ 홈페이지 로그인>자격시험> 자격시험 > 시험접수 서류•필기•실기 ▶ 응시서류: 홈페이지 > 자격시험 > 시험정보센터 > 자격시험자료실 다운로드(zip 파일 첨부)	
① 코칭일지(응시서류)	코칭실습 50 시간 이상	코칭실습 50 시간 이상
② 고객 추천서(응시서류)	고객 2 명에게 추천서 받기 (단, 코칭일지에 기재된 고객 만 가능)	고객 2 명에게 추천서 받기 (단, 코칭일지에 기재된 고객 만 가능)
③ 코치 추천서(응시서류)	유효한 KAC 이상 인증코치 2 명에게 추천서 받기	유효한 KAC 이상 인증코치 2 명에게 추천서 받기
④ 코칭 녹음파일	없음	음성파일 1 개 제출(30 분 분량의 코칭 시연) 제출방법: coach@kcoach.or.kr 메일발송
⑤ 서류응시료	5 만원	20 만원
필기접수 기간(3 일)	▶ 홈페이지 로그인>자격시험> 자격시험 > 시험접수 서류•필기•실기 (단, 서류 합격일로부터 1 년 내 접수하는 자_*2024.2.1 일부터 적용)	
① 필기시험 방법	협회 홈페이지 온라인시험(2 일 진행)	협회 홈페이지 온라인시험(2 일 진행)
② 필기응시료	5 만원	5 만원
실기시험 기간(3 일)	▶ 홈페이지 로그인>자격시험> 자격시험 > 시험접수 서류•필기•실기 (단, 필기 합격일로부터 2 년 내 접수하는 자_*2024.2.1 일부터 적용)	
① 실기시험	텔레(전화)시험	텔레(전화)시험
② 실기응시료	10 만원	10 만원
코치인증자격기간	3 년 (갱신가능)	3 년 (갱신가능)
자격갱신 교육	KAC 자격 취득 후 협회 주관 교육 및 협회가 인정한 갱신교육, ACPK 프로그램 등의 교육을 3 년간 30 시간 이수(협회홈페이지>자격시험>자격관리>자격갱신 참고) * ACPK 프로그램은 코치인증자격시험 또는 자격갱신을 위한 자격유지보수교육 중 하나만 사용가능 (중복사용 불가)	
의무사항	**· 자격취득 후 코치인증자격 유지를 위해 협회 정회원 가입(20 만원)필수 및 정회원 유지** ※ 코치인증자격 시험 응시료 외 정회원 가입비(20 만원)이 추가 발생 ※ 정회원 유지 조건 1 년 마다 회비 납부 **· 각 코치인증자격 취득, 자격갱신 후 자격갱신 교육 필수** ※ 자격갱신 시 갱신비 발생 3 년/3 만원	

1. 서류전형(서류접수 기간에 온라인 접수)

▶ 홈페이지 로그인>자격시험> 자격시험 > 시험접수 서류•필기•실기

교육리스트(온라인작성): 서류접수 전에 협회홈페이지>마이페이지>인증시험교육리스트에서 교육받은 코칭 교육시간을 작성한다. (수료증 업로드 필수) ACPK 응시자는 ACPK 프로그램 중 기초 프로그램 20 시간 이상 필수 작성한다. 단, 현재 ACPK 프로그램으로 등록되어 있을지라도 프로그램 인증 시작일 이전과 만료일 후에 이수한 교육은 시험 응시 시 교육리스트 교육시간으로 적용되지 않는다. (*협회 홈페이지 ACPK 프로그램 리스트 참조)

※ ACPK 프로그램 20시간 미만 이수한 경우 협회 월례세미나, 코칭컨페스티벌(구 코치대회)시간을 참석 증빙서류(교육확인증)를 제출 시 5시간까지 인정받을 수 있다. 20시간 이상 이수자는 해당사항 없음. (증빙서류 이메일제출: coach@kcoach.or.kr)

※ 포트폴리오 응시자는 이수한 코칭육성 목적인 20시간 이상의 단일 코칭 프로그램을 작성한다. (수료증 업로드 필수)

*교육리스트는 KAC응시 시 제출했던 교육을 누적 사용 가능하다. 단, 사용한 교육은 인증시험교육리스트에서 수정불가

▶ 응시서류(코칭일지,고객/코치추천서): 홈페이지 > 자격시험 > 시험정보센터 > 자격시험자료실 다운로드

① **코칭일지:** 50 시간 이상의 코칭 시간을 기록한다. 코칭일지를 기록하기 위해서는 고객과 계약(구두, 서류)에 의해 고객 자신이 코칭 받고 있음을 알고 있어야 한다. 코칭실습 시 코칭형태는 대면, 비대면으로 진행한다. (단, 문자, SNS 등의 코칭은 해당되지 않는다.)

※ KAC 응시자는 유료코칭이 의무사항은 아님. (*유료코칭: 금액 한도는 지정되어 있지 않음. 코칭 비용을 물품으로 받는 경우에도 유료코칭으로 작성 가능함.)

<코칭일지 작성방법>

작성구분	세부설명
※ 코칭일지에 기재된 건 별 작성 오류 개수가 5 개를 초과한 경우 탈락사유가 되며, 오류 건수에 해당된 시간은 전체 코칭시간 합계에서 제외된다.	
※ 코칭일지는 교육리스트 상에 기재된 코칭 교육을 받은 시점인 1 일차 교육 시간 종료 이후 실시한 코칭은 코칭 시간으로 작성할 수 있다. 단, 교육 시간 중에 실시한 코칭 실습은 작성 불가능	
고객	최소 3 명 이상
코칭시간 작성	① 코칭일지에 기록하는 한 세션의 시간은 최소 30 분 이상 최대 120 분 이하이다. 하루에 동일인을 코칭 할 경우 2 회까지만 코칭 가능하며, 2 회 합산 시간은 최대 120 분을 초과할 수 없다. ② 코칭 교육시간 중에 실시한 코칭 데모, 코칭 실습은 코칭 시간에 작성할 수 없다. ③ 코칭 교육을 받기 전에 실시한 코칭은 코칭 시간에 작성할 수 없다.

받은 코치더코치	응시자 본인이 코칭하는 장면을 유효한 KAC 이상의 인증코치가 직접 관찰 후 전문코칭 역량과 스킬에 대해 피드백, 코멘트, 코칭 등을 해주는 '슈퍼비전(supervision)'을 의미하며, 동일자격 상호간의 코치더코치 형태는 받은 코치더코치에 해당되지 않는다. 단, KAC 응시자의 경우, 받은 코치더코치는 의무사항이 아닌 선택사항이다.
	ⓐ **1:1 또는 1:2 받은 코치더코치** 시간은 코칭 한 시간의 2 배로 카운트된다. 2 배 카운트된 시간은 60 분에서 120 분 까지만 작성 가능하다.
	※ 응시자가 코칭 후 피드백 받은 시간까지 한 세션으로 계산 후 2 배 카운트한 시간을 기록한다.
	  * 1:1 코치더코치 구성: 상위 인증코치 1 명, 응시자 1 명
	  * 1:2 코치더코치 구성: 상위 인증코치 1 명, 응시자 2 명
	ⓑ **그룹 코치더코치(3-5 명)**의 시간은 코칭 한 시간의 1 배로 카운트된다.
	  * 그룹(3-5 명) 코치더코치 구성: 상위 인증코치 1 명, 응시자 3-5 명
	ⓒ 받은 코치더코치 시간은 최대 25 시간까지 작성 가능하다.
	ⓓ 받은 코치더코치 시간은 무료코칭 시간에 해당된다.

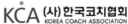

	ⓔ 받은 코치더코치 작성 시 고객란에 코치더코치한 상위 인증코치명과 코치 인증번호를 함께 기재한다.
상호코칭	코칭역량 강화를 목적으로 동료간 코칭 시 **무료코칭 시간으로** 작성한다.
가족코칭	가족을 코칭 시 **무료코칭 시간으로** 작성한다. (*가족이란 본인의 배우자와 직계 혈족으로 제한한다.)
그룹코칭	그룹코칭의 경우 **본인 포함 10 인 이하이어야** 하며 그룹워크숍, 그룹교육과는 구별된다. 그룹코칭 시간은 직접 실시한 시간만을 카운트하며 그룹인원 수에 따라 증가되지 않는다. (예: 5 명의 그룹에게 2 시간 그룹코칭을 실시하면 2 시간만 카운트된다). 코칭 교육시간 중에 실시한 그룹코칭데모는 그룹코칭시간에 해당되지 않는다.
조직 내 코칭	조직 내 내부코칭도 코칭 시간에 포함되며, 직속 부하직원 (직접 보고를 받는 부하직원)의 코칭또한 무료 시간에 작성 가능하다. 조직 내 내부 코칭이 유료 코칭시간에 포함되기 위해서는 직무기술서(Job Description)에 코치 또는 유사한 직무가 명시되어 있어야 하며 코칭일지에 HR(Human Resource) 부서 책임자의 서명이 필요하다. HR 부서가 별도로 존재하지 않을 경우 임원급 이상의 서명이 필요하다.

③ **고객추천서**: 코칭일지에 기재된 2 명의 고객으로부터 받아야 한다

④ **코치추천서**: 유효한 KAC 이상의 2 명의 코치에게 실제 코칭하는 모습을 보여준 후 코칭 역량, 스킬에 대해 작성한 코치추천서를 받아야 한다.

※고객추천서와 코치추천서에 필요한 서명은 직접 서명 후 스캔, 사진파일 또는 온라인 서명(서명 이미지 붙여넣기)만 가능하다.

⑤ **코칭 녹음파일 제출(포트폴리오 응시만 해당)**: 포트폴리오 응시자가 30 분 분량의 코칭 시연을 녹음파일로 제출한다.

　(이메일 제출: coach@kcoach.or.kr/ 제목: 응시자 명 + KAC 포트폴리오 응시)

⑥ **응시료**: ACPK 응시자 (서류 5 만원+필기 5 만원+실기 10 만원)이다. 각 전형 별 접수 기간에 납부

　　　　※ 서류접수 시 응시한 기관이 [KAC 자격인증 기관]인 경우 반드시 접수기간 내 응시하는 기관에 납부한다.

　　　　　(미납 시 응시취소)

　　　　포트폴리오응시자(서류 20 만원+필기 5 만원+실기 10 만원)이다.

※ **환불규정**: 서류접수기간내에 100% 환불

⑦ **결과확인**: 결과발표일 홈페이지 로그인 > 마이페이지 > 인증시험이력조회

　　　　(불합격자의 경우 불합격사유 확인 가능. 단, 불합격 사유는 다운로드 불가)

2. 필기전형(필기접수 기간에 온라인 접수 단, 서류 합격일로부터 1 년 내 접수하는 자_2024.2.1 일부터 적용)

　▶ 홈페이지 로그인>자격시험> 자격시험 > 시험접수 서류•필기•실기

구분	세부설명
필기시험　문항 및 점수	* ACPK, 포트폴리오 응시자 모두 동일 ① 문항 수: 40 문항 ② 합격 점수:70 점 이상(맞은 개수: 28 개 이상) ③ 협회 홈페이지 온라인 필기 시험
필기시험 범위	* ACPK, 포트폴리오 응시자 모두 동일 ① 코칭역량: **코칭역량** 해설서(홈페이지>자격시험>시험정보센터>자료실 다운로드) ② 코칭개론: - ACPK 프로그램(코칭 개요, 주요 내용, 코칭 역량, 코칭 스킬 등) 　　　　　　* 본인이 이수 한 ACPK 프로그램 　　　　　　- 한국코치협회 홈페이지(협회 소개, 코칭가이드, 자격시험) ③ 코칭실무: 코치인증자격시험 세부사항(홈페이지 다운로드) * 파일 위치: 홈페이지>자격시험>시험정보센터>자료실>코치인증시험 응시서류 [코치인증자격시험 세부안내

	다운로드]
필기시험 방법	① 협회 홈페이지 로그인>자격시험>자격시험응시>온라인 필기시험
	주의사항: 해당 메뉴는 시험 시작일에만 응시가능
	② 시험시작 버튼 클릭 후에는 중단할 수 없다.
	③ 시험 응시 조건 최적화
	ㄱ. 웹브라우저는 '크롬'에 최적화됨(익스플로러, 폭스도 사용 가능 하나 오류를 막기 위해 크롬권장)
	ㄴ. 태블릿 PC, 핸드폰 불가능
	ㄷ. 가능한 랜선 타입을 이용하며 카페, 도서관 등 공공장소의 와이파이는 불안정하여 가급적 사용을 피함
필기응시 시간	① 시험시간은 한 문제 당 최대 60초이며, 60초 경과 시 자동으로 다음 문제로 넘어 감
	② 전체 시험시간은 약 40분 소요
	③ 시험 가능 기간은 이틀이며 시험 시간은 필기시험 **시작 오전 10시부터 ~ 종료일 오후 5시까지** 24시간 응시가능 단, 필기시험 종료 일 오후 5시 이후 응시 불가
결과확인	결과발표일 홈페이지 로그인 > 마이페이지 > 인증시험이력조회

3. 실기전형 (실기접수 기간에 온라인 접수 단, 필기 합격일로부터 2년 내 접수하는 자_*2024.2.1 일부터 적용)

▶ 홈페이지 로그인>자격시험> 자격시험 > 시험접수 서류•필기•실기

구분	세부설명
실기시험방법	텔레시험으로 약 1시간 진행된다. (응시자 2명+심사위원 2명 총 4명 접속한다. 단, 응시자가 1명일 경우 3명이 접속한다.)
실기 시연 및 합격점수	① 1인/15분~20분, 총60분 진행된다. 총점60점 이상 시 합격이다.
	② 응시자가 시간에 늦거나 운전 중 또는 장소가 적절하지 않은 곳에서 응시로 상대 응시자에게 방해가 된다면 성품/태도에서 낮은 점수를 받을 수 있으며, 심사위원으로부터 실기시험에 퇴장조치를 받을 수 있다.
실기시험 진행 순서	※ 아래 실기시험 진행 순서는 협회 응시자만 해당되며, KAC 자격인증기관은 기관별로 진행되므로 응시하는 KAC 인증기관으로 문의한다. (협회 홈페이지 ->KAC 자격인증기관리스트 참조)
	① 실기시험일 이틀 전 협회홈페이지>마이페이지>인증시험이력조회에서 실기시험시간 확인이 가능하다. 시험 이틀 전 응시자의 이메일로 시험 접속 시간 및 접속 전화번호, 접속 비밀번호와 시험 유의사항이 안내된다.
	(협회 일정에 따라 변경 가능)
	② 시험 시간 3분 전 전화 연결 후 비밀번호를 입력하고 대기한다.
	③ 심사위원 2명과 본인 외 다른 응시자 1명이 모두 접속 후 시간에 맞춰 시험이 시작된다.
	(단, 응시자가 1명일 경우 3명이 접속한다.)
	④ 시험은 약 60분 정도 소요되며, 응시자 1명당 코칭시연 시간은 **KAC 15분~20분** 소요된다.
	⑤ 시간배정은 응시자에게 일정 기간 동안 응시 불가능한 시간을 받은 후 배정된다. 단, 불가능한 시간을 주지 않을 경우 시간은 무작위로 배정된다. 배정된 시간은 변경이 **불가능하다.**
결과확인	결과발표일 홈페이지 로그인 > 마이페이지 > 인증시험이력조회
	(불합격자의 경우 불합격사유 확인 가능. 단, 불합격 사유는 다운로드 불가)

4.시험접수 취소

코치인증자격시험은 각 전형 별 접수기간이 있음으로 반드시 각 전형(서류/필기/실기)접수기간에 취소신청이 가능하다.

▶ 취소방법: 홈페이지로그인 > 마이페이지 > 인증시험이력조회 > 취소

단, 실기시험 당일 아래와 같은 <긴급한 상황>으로 미응시 한 경우 시험일 종료 후 돌아오는 월요일에 증빙서류를 이메일로 제출한다. (coach@kcoach.or.kr) ※ KAC자격인증기관 응시자 경우 각 기관으로 제출

5. 인증서 발행

서류부터 실기까지 모두 합격 후 최종 합격자는 협회 정회원 가입(20 만원 회비 발생) 후 인증번호 발행 및 인증코치리스트에 업로드 되며 인증서 발행이 가능하다. (단, 정회원 미가입 시 인증번호 발행, 인증코치리스트 업로드, 인증서 발행 불가)

▶ 인증서 발행방법: 협회 정회원 가입(20 만원 회비발생) > 로그인 > 마이페이지 > 코치인증자격관리 > 자격증발급
▶ 인증코치리스트 확인방법: 협회 홈페이지 > 코칭가이드 > 인증코치 리스트 > 유효에서 검색 (단, 회원가입 시 코치정보 공개여부 비공개 시 확인 불가 하여 반드시 홈페이지 마이페이지 내 정보 관리 에서 코치정보 공개여부 공개로 설정)

6. 코치인증자격 기간 및 갱신

KAC 코치인증자격 유효기간은 3 년이다. 자격유지를 위해 자격갱신은 필수이며 갱신을 하지 않을 시 코치인증자격은 만료된다(소멸되지 않음.) 자격갱신은 만료 일로부터 소급 적용하여 갱신된다. 자격갱신의 모든 책임은 개인에게 있다.

▶ 자격갱신 방법: 갱신신청은 만료 6 개월전부터 신청 가능
홈페이지 로그인 > 마이페이지 > 코치인증자격관리 > 자격갱신 신청 > 협회교육시간 확인 및 갱신신청
▶ 자격갱신 조건: 자격유지보수교육(30 시간) / 3 년 자격갱신비(3 만원)

7. 자격갱신 교육

KAC 코치인증자격 갱신을 위해 30 시간 교육을 필수 이수해야 한다. KAC 자격취득 및 갱신 후 받은 교육만 인정된다. 자격갱신 교육으로 인정되는 교육은 협회 홈페이지에서 확인할 수 있다.

▶ 자격갱신 교육확인: 홈페이지 로그인 > 마이페이지 > 코치인증자격관리 > 자격갱신 신청 > 협회교육시간 확인 및 갱신신청
(자격갱신 교육 중 협회교육은 온라인 상으로 확인 가능하며 외부 교육은 홈페이지 > 시험정보센터 > 자격시험 자료실>[코치인증 자격 갱신 신청서] 다운로드 작성 후 작성된 교육의 수료증과 함께 첨부)

8. 의무사항

KAC 자격취득 후 유효 한 자격 및 인증서발급을 위해서는 협회 정회원 가입(20 만원 발생) 후 정회원 자격을 유지하여야 한다. (정회원 가입회비 20 만원) ※ 정회원 미 가입 시 협회 인증코치자격이 부여되지 않으며 인증서 발행이 불가하다.

9. 기타사항

(1) 이의신청: 심사 결과에 이의가 있을 시 본인의 멘토코치*를 통하여 이의제기 할 수 있다.
- 서류전형: 결과 발표일로부터 3 일 이내
- 실기전형: 결과 발표일로부터 7 일 이내
* 멘토코치란 코치추천서를 써준 코치를 말한다.
(2) 자격 요건 건 중 각 항에 기재되지 않은 사항은 인증위원회의 관례에 따른다.

8. KAC 실기 심사 항목

구분	실기 심사 항목
코칭 세션 운영	**1. 윤리 규정 및 태도** - 비밀 유지 규정을 고지했다.　　- 시연 시간에 맞추어 입장했다.
	2. 코칭 세션 동의 - 고객에게 코칭 시작 동의를 얻었다.　　- 고객에게 코칭 종료 동의를 얻었다.
	3. 코칭 세션 시간 운영 - 코칭 세션을 주어진 시간(15분~20분)안에 마무리했다.
	4. 전체 세션 운영의 유연성 - 전체 코칭 세션을 자신감을 가지고 자연스럽게 운영했다.
전문 계발	**5. 코칭 합의** - 코칭 주제와 목표를 명료화하고 합의했다.
	6. 성과 관리 - 코칭 세션을 마무리하면서 코칭 성과를 확인했다.
관계 구축	**7. 수평적 파트너십** - 고객을 수평적인 관계로서 존재를 인정하며 대했다.
	8. 라포 형성 - 고객과 라포를 형성해 편안한 코칭 환경을 유지했다.
	9. 신뢰감과 안전감 - 고객에게 긍정반응, 인정, 칭찬, 지지, 격려, 신뢰 등의 언어를 사용했다.
적극 경청	**10. 반영** -어조 높낮이, 속도 맞추기, 추임새 또는 맞장구 등을 하면서 경청하고, 고객의 　이야기를 재진술, 요약 확인 등을 했다.
	11. 공감 - 고객의 생각이나 감정을 이해하며, 이해한 것을 고객에게 표현했다.
	12. 고객의 표현 지원 - 고객이 자신의 생각, 감정을 표현하도록 도왔다.

의식 확장	**13. 질문** - 긍정적, 중립적 언어로 개방적 질문을 했다..
	14. 기법 활용 - 고객의 상황과 특성에 따라 침묵(완급 조절), 은유, 비유 등 다양한 기법을 활용했다.
	15. 의미 확장과 구체화 - 고객의 말에서 의미를 확장하거나 고객의 말을 구체화 또는 명료화하도록 도왔다.
	16. 통찰 - 고객이 알아차림이나 통찰을 하도록 도왔다.
성장 지원	**17. 자율성과 책임 고취** - 고객이 행동 설계 및 실행 계획을 세우도록 도왔다.
	18. 행동 전환 지원 - 고객이 실행 계획을 실천하도록 점검 또는 후원 환경을 만들었다..
	19. 변화와 성장 축하 - 고객의 변화와 성장을 축하했다..
총평	**20. 총평** - 심사의 각 항목에서 포착하지 못한 부분과 전체 실기 시험의 종합적인 측면(전제적인 느낌과 분위기)과 고객 역할에 대한 수행 등을 반영했다.

출처: 한국코치협회 홈페이지

호이테북스의 코칭 책

리더의 동기부여 대화법
김동기 지음 | 200쪽 | 14,000원

리더의 능력은 동기부여 커뮤니케이션에 달려 있다!

최근 전 세계로 비즈니스 전쟁이 확대되고 있다. 이런 상황에서 리더에게 가장 필요한 역량 중 하나로 동기부여 커뮤니케이션 능력이 요구되고 있다. 기업에서 가장 소중하고 가치 있지만, 아직 개발되지 않은 자원을 들라면 '사람'을 꼽을 수 있다. 이 책은 그런 사람을 움직이고 동기부여를 하는 도구이자 소통 도구로서 대화법을 다루고 있다. 리더나 리더로 성장하려는 사람들에게 마음속에 불을 지피는 '동기부여'를 제공할 것이다.

질문의 힘
오정환, 곽승종 지음 | 284쪽 | 18,000원

당신의 삶과 비즈니스를 바꾸는 위대한 질문법!

질문은 모든 일의 시작이자 출발점이다. 창조적인 성과들은 모두 호기심 있는 질문으로 시작했다. 또한 성공한 사람들은 모두 질문자였다. 이 책은 이렇게 강력한 질문의 힘을 깨닫고, 무엇을 어떻게 질문해야 하는지 삶에 필수적인 질문법을 담았다. 나를 제대로 알기 위한 질문, 타인과 소통하기 위한 질문, 세상을 바꾸기 위한 질문, 책을 읽고 문해력을 높이기 위한 질문 등 우리가 일상에서 던져야 할 모든 질문법을 담았다.

탁월한 리더는 피드백이 다르다

김동기 지음 | 200쪽 | 14,000원

피드백이 없으면 직원들은 무능해지고, 리더는 독재자가 된다!

스포츠, 연예계, 의료, 교육, 경영 등 다양한 분야를 통해 피드백의 효과를 살펴본 책. 필자는 이 책에서 피드백을 단순히 커뮤니케이션의 한 부분이나 직원들의 활동에 대한 보상과 동기부여의 의미가 아니라 조직의 방향성과 목표 달성까지 아우르는 포괄적인 개념으로 바라봐야 한다고 주장한다. 그리고 이미 검증된 다양한 연구 성과를 통해 실용적인 아이디어와 방법들을 구체적으로 제시한다.

신뢰를 파는 것이 세일즈다

한국세일즈코치협회 편/304p/15,000원

기본 원리에 축적된 경험까지 얹은 세일즈 교과서!

세일즈는 사람과 사람의 관계다. 대통령조차도 세일즈를 해야 하는 시대다. 그렇다면 어떻게 세일즈를 해야 좋은 성과를 올릴 수 있을까? 이미 답은 나와 있다. 책으로 기본 원리를 익히고, 현장에서 수많은 시행착오를 겪으며 경험을 축적해야 한다는 것. 이 책은 세일즈의 기본 원리에 저자들의 축적된 경험을 쌓아올려 부정적인 세일즈, 주먹구구식 세일즈를 청산하고 올바르게 깨어 있는 고성과 세일즈의 방향을 코칭해 준다.

김동기   현재 아주대학교 경영대학원 교수(경영학 박사), 한국코치협회 인증 코치(KPC), 스포츠 멘탈 코치로
활동하고 있다. 1997년 FM 99.9 경기방송에서 PD와 아나운서로 방송활동을 하며 '말하기'와 본격
적으로 인연을 맺었다. 이후 방송인의 말하기, 부모와 아빠의 말하기 등을 주제로 강의와 집필을 이
어갔다. 최근 들어서는 직장에서 서로를 응원하고, '동기부여'를 통해 의욕을 높이는 조직 내 관계 향
상을 위한 대화와 말하기에 관심이 많다. 2018년부터 코칭의 매력에 빠져 스포츠 멘탈 코칭을 시작
으로 NLP(Neuro Linguistic Programming), 국제코칭연맹(ICF) 자격과정 등 코칭 공부를 이어오
고 있다. 저서로는 《리더의 동기부여 대화법》, 《프로멘탈》, 《아빠 10분 대화》, 《부모의 대화습관이 아
이의 말을 결정한다》 등이 있다.

동기부여 코칭

초판 1쇄 인쇄 | 2025년 4월 4일
초판 1쇄 발행 | 2025년 4월 9일
지은이 | 김동기
펴낸이 | 김진성
펴낸곳 |호이테북스
편 집 | 강소라
디자인 | 징재승
관 리 | 정보해
출판등록 | 2005년 2월 21일 제2016-000006
주 소 | 경기도 수원시 장안구 팔달로237번길 37, 303호(영화동)
대표전화 | 02) 323-4421
팩 스 | 02) 323-7753
전자우편 | kjs9653@hotmail.com
Copyright ©김동기 2025

ISBN: 979-11-988677-5-9(13320)
값 30,000원